Os Reinos de QUIMBANDA e os Búzios de Exu

Todos os direitos reservados © 2025

É proibida qualquer forma de reprodução, transmissão ou edição do conteúdo total ou parcial desta obra em sistemas impressos e/ou digitais, para uso público ou privado, por meios mecânicos, eletrônicos, fotocopiadoras, gravações de áudio e/ou vídeo ou qualquer outro tipo de mídia, com ou sem finalidade de lucro, sem a autorização expressa da editora.

Dados Internacionais de Catalogação na Publicação (CIP)

O98r	Oxóssi, Diego de	
	Os reinos de quimbanda e os búzios de Exu / Diego de Oxóssi. - São Paulo: Arole Cultural, 2023.	
	ISBN 978-65-86174-26-7	
	1. Religiões afro-brasileiras. 2. Oráculos. 3. Quimbanda. 4. Umbanda. I. Título.	
2023-416		CDD 299.6 CDU 299.6

Elaborado por Odílio Hilario Moreira Junior - CRB-8/9949

Índices para catálogo sistemático:
1. Religiões africanas 299.6
2. Religiões africanas 299.6

Infeliz é o espírito ansioso pelo futuro.
Sêneca

Se queres prever o futuro, estuda o passado.
Confúcio

A coroa de Exu não se compra, se tem!
A coroa de Exu, ela vem do Além
Ditado quimbandeiro

Agradecimentos

À minha mãe **Marines** e minha irmã **Camila**, que, mesmo à distância, sempre encontraram meios de me permitir sonhar e realizar, e à minha avó **Nelza Brito Flores**, quem primeiro me apresentou à espiritualidade e celebrou comigo cada passo desde a minha iniciação até o sacerdócio na Quimbanda.

À **Mãe Ieda de Ogum**, por todo o carinho e companheirismo nesses anos juntos e pela simplicidade nas palavras repletas de lições de vida e de jornada religiosa.

Ao guerreiro **Anderson de Ogum**, que me apoia em cada batalha da vida e acredita na missão que os Orixás e os Espíritos nos designaram.

Aos amigos **Thiago de Exu João Caveira e Caroline de Pombagira Maria Padilha das Almas**, pela amizade e pelo apoio em manter-nos fiéis aos fundamentos que aprendemos.

Ao querido **Aluísio de Exu Veludo**, que diz aprender diariamente comigo, mas não imagina o quanto me ensina.

Ao amigo **Nicholaj Frisvold**, que, com suas escritas e suas palavras durante o Réveillon de 2022, me incentivou a revelar o que por anos insisti em ocultar.

Ao querido **Eduardo Regis**, pela leitura crítica do texto original e pela orelha do livro (*que bem poderia ser um prefácio*)

Ao **Exu 7 Facadas** – meu compadre, meu malandro beberrão e meu eterno guardião -, e à **Pombagira Cigana das Almas** – minha dama nada donzela -, a primeira a determinar que eu escrevesse esta obra, que já nasce best-seller.

A **Oxóssi**, o caçador de uma flecha só, senhor das matas e da minha vida: pelo Reino, pelo mundo, por existir nos meus caminhos!

E a todos aqueles que me incentivaram ou que duvidaram, **ambos são o combustível diário do meu sucesso!**

Diego de Oxóssi
Babalorixá e Chefe de Quimbanda

Sumário

AS RELIGIÕES DE MATRIZ AFRICANA NO BRASIL...22
QUIMBANDA...35
DÉCADAS 1900-1940...41
    Anunciação da Umbanda...42
    O nascimento da Quimbanda Nagô...49
DÉCADAS 1960-2020...57
    Quimbanda Tradicional...61
    Outras vertentes de Quimbanda...74
OS ESPÍRITOS DA QUIMBANDA...75
    Exu Maioral...77
    Exu e Pombagira...81
    Ciganos e a Linha do Oriente...82
    Malandros...84
    Pretos Velhos e Caboclos Quimbandeiros...86
    Eguns e Kiumbas...87
    Bruxas de Évora, Pandilhas e Colondinas...90
OS REINOS DA QUIMBANDA...99
INFORMAÇÕES IMPORTANTES...106
    Notas sobre as Frentes de Exu e Pombagira...109

1 – Reino das Encruzilhadas 112
  Significados e atuação mágica 112
  Governantes 114
  Cores e Símbolos 117
  Ervas 117
  Bebidas 117
  Oferendas 118
2 – Reino dos Cruzeiros 119
  Significados e atuação mágica 119
  Governantes 121
  Cores e Símbolos 124
  Ervas 124
  Bebidas 124
  Oferendas 124
3 – Reino das Matas 125
  Significados e atuação mágica 126
  Governantes 128
  Cores e Símbolos 131
  Ervas 131
  Bebidas 131
  Oferendas 132
4 – Reino dos Cemitérios 133
  Significados e atuação mágica 134
  Governantes 136
  Cores e Símbolos 138
  Ervas 138
  Bebidas 138
  Oferendas 138

5 – REINO DAS ALMAS 139
　Significados e atuação mágica 140
　Governantes 142
　Cores e Símbolos do Reino das Almas 145
　Ervas 145
　Bebidas 145
　Oferendas 146
6 – REINO DA LIRA 147
　Significados e atuação mágica 147
　Governantes 149
　Cores e Símbolos 153
　Ervas 153
　Bebidas 154
　Oferendas 154
7 - REINO DAS PRAIAS 156
　Significados e atuação mágica 157
　Governantes 159
　Cores e Símbolos 162
　Ervas 162
　Bebidas 162
　Oferendas 162
　OS CRUZAMENTOS ENTRE OS REINOS 163
OS BÚZIOS DE EXU 170
　ÉTICA SACERDOTAL 174
　　Sigilo 177
　　Imparcialidade 179
　　Questões sobre saúde 184
　A PAGA DO ORÁCULO E DOS TRABALHOS ESPIRITUAIS 185

Os tipos de oráculos 187
Ferramenta não tem vida própria 189
Aspectos práticos para a leitura dos búzios 193
QUATRO BÚZIOS 196
O Universo em equilíbrio 199
Abrindo a consulta 202
Consultando o oráculo 203
   Jogo de Confirmação 204
   Quatro búzios abertos 205
   Três búzios abertos 209
   Dois búzios abertos 213
   Um búzio aberto 214
   Nenhum búzio aberto 219
   Outras caídas importantes 222
12 BÚZIOS 226
As Três Famílias 228
   1ª Família e seus Exus 229
   2ª Família e seus Exus 230
   3ª Família e seus Exus 230
   Exu das Matas: o comunicador 231
Elementos do Jogo 231
Abrindo a consulta 232
Consultando o Oráculo 232
   Nenhum Búzio Aberto 234
   Um Búzio Aberto 234
   Dois Búzios Abertos 235
   Três Búzios Abertos 236
   Quatro Búzios Abertos 236

Cinco Búzios Abertos..237
Seis Búzios Abertos..238
Sete Búzios Abertos...238
Oito Búzios Abertos...239
Nove Búzios Abertos..240
Dez Búzios Abertos..241
Onze Búzios Abertos..241
Doze Búzios Abertos..242
MESA IMPERIAL..243
ELEMENTOS DO JOGO..248
   Imperial dos Reinos: um microcosmos sobre a mesa..248
   7 Búzios Principais: as encruzilhadas da vida...............250
   Um búzio maior: o potencial de transformação...........251
   Uma moeda: a matéria e o espírito..................................252
   Uma sineta: invocando os Espíritos.................................252
ABRINDO A CONSULTA..253
   Reza de Abertura...256
CONSULTANDO O ORÁCULO..257
   Sequência de interpretação...258
   Outros tipos de interpretação..263
   Exemplos de leitura..265
   Descobrindo o Exu e Pombagira de uma pessoa..........273
DAQUI PRA FRENTE..283
REFERÊNCIAS BIBLIOGRÁFICAS..284

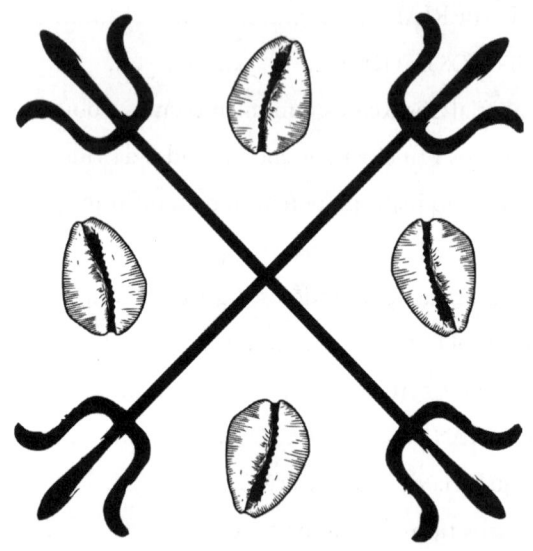

Apresentação

Se você conhece um pouquinho sobre a minha história de vida, provavelmente sabe que eu nasci no Rio Grande do Sul e me mudei para a capital paulista em 2003, com 17 anos de idade. O que talvez ainda não saiba é que, quase sete anos depois, eu voltei a morar no Sul por cerca de um ano e, nesse período, conheci a pessoa que mudaria a minha vida dali pra frente: Mãe Ieda e seu mentor, Exu Rei das 7 Encruzilhadas.

Iniciado por eles nos mistérios de Exu e Pombagira em 2009, poucos meses depois voltei a São Paulo e me reestabeleci definitivamente por aqui. Foi então que, há cerca de 10 ou 12 anos atrás, inaugurei **o Reino de Exu 7 Facadas e Pombagira Cigana** numa casa de aluguel em São Paulo, capital. Nesta época, praticamente não se falava de Quimbanda por aqui; na verdade, praticamente não se falava em Quimbanda no país, à exceção da Região Sul. Havia, sim, já há muitos anos, as "Giras de Esquerda" – também chamada de "Linha Cruzada" - em boa parte dos terreiros de Umbanda de todo o Brasil. Havia, também, e era muito comum, o culto a Exu e Pombagira em diversas casas de Candomblé e de outras religiões de matriz africana que, como prática paralela e muitas vezes "secreta", à parte de seus ritos principais, também cultuavam e trabalhavam com o Povo da Rua. Mas, QUIMBANDA, assumidamente e publicamente, NÃO! Me atrevo a dizer que, salvo engano, o **Reino de Exu 7 Facadas** tenha sido um dos primeiros templos exclusivamente quimbandeiros do estado de São Paulo e, possivelmente, o primeiro a abrir suas portas publicamente e bater no peito "SOU QUIMBANDEIRO".

Em meados de 2010, o acesso à internet via celular ainda não era tão popular quanto é hoje, mas as redes sociais já existiam. A maior rede da época chamava-se "Orkut" e funcionava como uma mistura do que hoje conhecemos como Facebook (uma rede de amigos e conhecidos virtuais, mas com fóruns de discussão sobre diversos temas - dentre eles, as religiões afro-brasileiras). Jovem e apaixonado pela tradição de Quimbanda que praticava e pratico até hoje, passei dias - ou melhor, semanas - discutindo o assunto por lá. Na maioria das vezes, minhas postagens se resumiam a explicar um fenômeno tipicamente gaúcho: em meados da década de 1950, no Rio Grande do Sul, uma moça negra, pobre e de pouca instrução escolar, chamada Ieda Maria Viana da Silva, orientada pela entidade chamada Exu Rei das 7 Encruzilhadas, fundou uma religião chamada Quimbanda. Diferentemente dos trabalhos com Exu e Pombagira comumente encontrados no restante do país, cultos paralelos e de frequência restrita, a Quimbanda Gaúcha formou-se como uma prática independente, com início, meio e fim próprios. Centenas de milhares de pessoas a praticavam e assumiam-se publicamente como "quimbandeiras" e, para além do Brasil, uma multidão de fiéis seguia os passos de Mãe Ieda por toda a

Argentina e Uruguai. Dessas discussões e debates, surgiu, inclusive, o meu primeiro livro – publicado em 2015 e que daria origem à Editora Arole Cultural: "**Desvendando Exu: O Guardião dos Caminhos**", uma tentativa de registrar a história de Mãe Ieda e os principais fundamentos e práticas da Quimbanda Tradicional, que, em 2021, ganhou edição em inglês pela editora InnerTraditions / Destiny Books e foi publicado nos Estados Unidos. Inclusive, se você já leu Desvendando Exu, provavelmente perceberá semelhanças entre ele e os primeiros capítulos do livro que agora tem em mãos. Isso porque, para que possamos falar dos segredos da Quimbanda, é preciso, antes, definirmos o que é e de onde vem a Quimbanda e, talvez tão importante quanto isso, o que ela NÃO é – afinal, atualmente a mentira tem ganhado grande espaço nas redes sociais.

Ainda assim, outras discussões aconteciam e, obviamente, acumulei desafetos pelo caminho. Especialmente, porque algumas pessoas insistiam em não compreender a diferença conceitual do que eu tentava explicar: Exu é plural e podemos dizer que, simbólica e literalmente, "dança conforme a música". Exu já existia antes do nascimento de Mãe Ieda e continuaria existindo das maneiras mais diversas possíveis. Ainda que se usasse a mesma palavra, a "quimbanda" à qual eu me referia não era a "quimbanda" conhecida por aqui. Porém, para se assumir "quimbandeiro" de fato e de direito, é necessário passar pelos rituais de iniciação próprios desta tradição, seja da maneira como é feito no Rio Grande do Sul, seja de outra maneira, desde que legítima, com raiz e genealogia iniciática. Para se designar "quimbandeiro", não basta receber uma intuição ou orientação do Guia Espiritual que nos acompanha. Para se intitular "chefe quimbandeiro", muito além de passar pelos rituais de sacerdócio, era (e continua sendo) fundamental vivenciar a Quimbanda, conhecer seus mistérios, os segredos e significados subjetivos dos Sete Reinos e seus Povos, suas magias, tradições e fundamentos.

Mais importante que tudo isso: como toda tradição iniciática, para intitular-se parte dela é preciso ter raiz. Não existe autoiniciação. Não existe voto de segredo sobre o nome de quem nos inicia e de quem iniciou a pessoa que nos iniciou. Ao contrário: raiz e ancestralidade são e sempre foram motivo de orgulho e reconhecimento. Intitular-se "verdadeiro" sendo que se esconde de onde veio, com uma prática que mistura tradições distintas como goécia, bruxaria e umbanda/quimbanda, enquanto brada contra os falsos, comprova o ditado: é "o sujo falando do mal lavado".

Em um determinado momento, percebi: de nada adiantava explicar o que não se queria compreender. Com isso, decidi não discutir mais sobre religião. Os anos se passaram e eu segui minha caminhada. Afinal, cada um tem a sua verdade, cada um sabe o que lhe convém...

Só que de alguns anos pra cá a coisa toda - Umbanda, Quimbanda, Candomblé, seja a tradição que for - tomou um rumo muito bagunçado, infelizmente!

Nesses cerca de 10 anos, a vida online se tornou uma grande praça pública em que todos falam ao mesmo tempo e poucos se escutam. Com o passar do tempo e com o silêncio daqueles que praticam tradições verdadeiras, de repente a Quimbanda virou moda e, com ela, surgiu uma fábrica de "quimbandeiros". Garotos e garotas nos seus 20-30 anos de repente foram iniciados sabe Exu por quem e, pouco tempo depois, com pouca ou nenhuma experiência religiosa e sacerdotal, empunharam suas facas e abriram seus "templos". Ao mesmo tempo, surgiram diferentes "tipos e linhas de Quimbanda", cada um fazendo mais mídia e mais show pra impressionar. Surgiram até "cursos online" pra se formar sacerdote, sem que esses "*tatas*" e "*yayas/mametus*", "*babás*" e "*iyás*", tenham minimamente posto os pés num terreiro de verdade!

Com isso, criou-se uma necessidade quase infantil de títulos e nomes que diferenciem as casas e práticas, afinal, para ganhar *likes* é preciso ser "novidade". Quimbanda com Q, Kimbanda com K, Nagô, Bantu, da Faca, da Navalha, disso, daquilo e daquele outro surgiram junto com supostos chefes de terreiro que - assim como suas práticas - ninguém sabe de onde vieram. Aparecem, fazem mídia, ganham espaço no mundo virtual e disputam território digital numa incansável busca de validação externa para aquilo que não sabem dizer de onde surgiu.

Fico pensando: o que viram? O que viveram?

Com que (in)experiência e com que (ir)responsabilidade foram intitulados "autoridades", com tão pouco tempo de prática, de uma religião que até uma década atrás era praticamente desconhecida?

Ninguém nasce, cresce e amadurece em poucos anos – seja na vida, seja na espiritualidade. O certo e o verdadeiro não vêm facilmente, nem sem esforço ou dedicação. Por tudo isso, eu decidi escrever novamente e registrar, de maneira sincera e verdadeira, um pouco do que aprendi nesses mais de 13 anos de iniciação e vivência nos terreiros de Quimbanda com raiz e origem reconhecidas por todo o Brasil.

Nos próximos capítulos, você vai ler verdades que nunca foram publicadas antes sobre a organização das Entidades nos 7 Reinos e 63 Povos de Exu, suas áreas de atuação na vida prática e na magia, seus Exus Governantes e seus símbolos de poder. Você vai aprender de maneira simples e prática como montar as oferendas de cada Reino, chamadas "Frentes de Exu e Pombagira", que qualquer pessoa pode fazer para honrar e louvar os seus Guias Espirituais. Você vai conhecer em detalhes os métodos oraculares comumente utilizados nas Quimbandas em suas diversas vertentes. Eu vou te ensinar de maneira didática e completa pra que serve cada um desses oráculos, quem pode usá-los e como jogá-los e interpretá-los para os diversos tipos de consulta: dúvidas pessoais, orientações aos membros de um terreiro ou atendimento sacerdotal de orientação a consulentes.

Mas, se prepare, pois eu também vou colocar alguns "pingos nos Is". Afinal, de boa intuição o inferno tá cheio. Muita coisa pode SIM ser feita por qualquer pessoa, seja ela de Umbanda, de Quimbanda, de Candomblé ou sem qualquer religião... Outras, porém, são restritas aos iniciados e seus sacerdotes, exigem anos de dedicação, prática e vivência real dentro dos templos tradicionais, e isso precisa ser dito!

Eu não desejo, em absoluto, que você aceite o que está aqui escrito sem questionar. Ao contrário: faço votos a você, leitor, que este livro e os ensinamentos nele contidos possam ser luz no seu caminho! Que o conhecimento e a sabedoria de Exu abram seus horizontes e lhe permitam questionar tudo o que está dito e escrito: aqui, sim, mas especialmente pelo mundo afora.

E que a cada Encruzilhada, nos quatro cantos do mundo, você seja capaz de refletir sobre as "verdades" que lhe são contadas e combater aquelas que não passem de alegorias em doces palavras, ditas para agradar.

AS RELIGIÕES DE MATRIZ AFRICANA NO BRASIL

O que você vai ler agora não é novidade a qualquer pessoa que tenha estudado - mesmo que superficialmente - a história do Brasil. Afinal, falar sobre as religiões de matriz africana desde suas origens até os dias atuais é, necessariamente, falar de colonialismo, de processos de escravização e dominação, de racismo e discriminação. Mais que isso, é falar de um processo contínuo de resistência e reafirmação étnica e identitária. É falar de esforços para a sobrevivência de si, de seus costumes e de sua cultura. É falar de uma espiritualidade que muitas vezes se confunde com a vida cotidiana, *"uma vez que a vida africana estava impregnada de religiosidade, e a religiosidade africana impregnada de ritmos animados."* (SILVEIRA, 2010).

A propósito, o maior erro que as pessoas cometem é ignorar o fato de que as práticas espirituais afro-brasileiras que conhecemos hoje vão muito além de fundamentos religiosos ou de segredos mágicos. Elas têm origem em hábitos sociais e culturais que, por séculos, foram livremente vividos em território africano e que, entre meados de 1500 e 1900, forçosamente tiveram de se adaptar à realidade das senzalas e dos quilombos no Brasil e nas Américas. Com isso, a colonização do Brasil se confunde com a cronologia da diáspora africana em todo o mundo e, para que possamos compreender a Umbanda, a Quimbanda, o Candomblé, o Batuque e tantas outras religiões negras dos tempos atuais, é preciso conhecer um pouco dessa história.

A verdade é que nenhum escravizado "escolheu" estar aqui. Dos 6 milhões de africanos que sobreviveram às travessias oceânicas até as Américas, 4 milhões desembarcaram no Brasil e foram propositadamente separados dos seus semelhantes, numa tentativa do colonizador de impedir possíveis revoltas. Sobrevivendo em condições sub-humanas, tratados como propriedade dos Senhores de Engenho e vendidos e comprados como mercadoria, os negros escravizados perderam suas referências originais: sem família, sem amigos, sem iguais, restava-lhes enxergar a si nos outros ao seu redor e reconhecer neles semelhanças que os lembrassem de sua terra natal.

Com isso, foi na cor da pele e na prática espiritual que eles se percebiam como iguais, apesar de tão diferentes. De idioma e origens geográficas tão plurais, foi nas similaridades dos cultos aos ancestrais divinizados e às forças da natureza que eles se reagruparam. Ressignificando costumes e ritos, agregando à sua prática original aspectos aprendidos pelo contato com os Povos Originários e, também, com os europeus, os escravizados que chegaram a todos os países e regiões da América do Sul, Central e do Norte passaram por processos de forçosa reidentificação.

Além disso, o acolhimento desses grupos sob a égide das confrarias e irmandades da Igreja Católica da época também contribuiu para essa unificação, não sem tentar "embranquecê-la" através do processo de sincretização dos Deuses e Deusas africanos aos Santos Católicos. Desde a chegada dos primeiros Portugueses até o início da década de 1530, a mão de obra escravizada se baseava principalmente na exploração do indígena. Dali até o fim da década de 1680, com a escravização em massa de africanos de origem bantu, a política escravagista fora violenta. A partir de 1688, a Coroa Portuguesa optou pela moderação da política aplicada, mas tolerância não significava aceitação nem libertação. A manutenção do poder através da violência continuava apoiada pelo Estado e pela Igreja, porém, orientando os Senhores a agirem *"sem ânimo vingativo"*. Com isso, tolerava-se a existência de pequenos grupos que não apresentassem prestígio social ou político, garantindo aos escravizados a folga aos domingos, nos quais realizavam danças e festejos sacros e profanos abertamente, relacionando-os às festividades católicas e às suas datas oficiais a fim de lhes dar validação aos olhos portugueses. É nesse contexto que aparecem os calundus, nome dado às primeiras práticas espirituais africanas em terras brasileiras, palavra de origem banto-quimbundo que significa *"espírito de elevada hierarquia e evolução"*.

Os mais puristas talvez me condenem por falar isso assim tão abertamente. Mas a verdade é que o Vodu do Haiti, a Santeria de Cuba e do Caribe, a Regla de Palo da República Dominicana e de Porto Rico, o culto de Maria Lionza na Venezuela e os Calundus do Brasil – que posteriormente dariam origem às religiões afro-brasileiras como as conhecemos – são essencialmente a mesma prática espiritual, cada qual adaptada às condições geográficas, sociais, culturais e de suprimentos disponíveis no país e região onde se inseriram. Da mesma maneira, num país de dimensões continentais como o Brasil, não é estranho que essas adaptações e reidentificações tenham dado origem a práticas regionais com nomes diferentes, mas cujas ritualísticas e costumes são tão parecidos: na Bahia, o Candomblé; em Pernambuco, o Nagô ou Xangô; no Maranhão, o Tambor de Mina; no Rio de Janeiro, a Macumba e a Umbanda; no Rio Grande do Sul, o Batuque e a Quimbanda.

Na primeira vez em que eu me dei conta disso pareceu como se um véu descobrisse meus olhos. Eu já era Babalorixá[1] há alguns anos, já havia acompanhado praticamente todos os tipos de rituais possíveis no Candomblé, quando fui convidado a acompanhar e ajudar nas obrigações de Batuque que titulariam dois novos sacerdotes dessa tradição. Em dez dias de atividades intensas, com rituais complexos que começavam cedo e se estendiam ao longo do dia, qual não foi a minha surpresa ao perceber que, à parte os regionalismos típicos (no Batuque gaúcho a oferenda típica ao Orixá Ogum é o churrasco, por exemplo), a essência de tudo o que vi lá era basicamente igual ao que eu assistira ao longo dos anos por aqui.

Eu não sei você, mas eu sempre quis descobrir "de onde" e principalmente "como" surgiram as religiões afro-brasileiras. É claro que eu já ouvira as explicações mais rasas, os resumos históricos, mas sentia falta de uma explicação mais detalhada. Desde a infância visitando a Umbanda em que minha avó e mi-

---

[1] Título honorífico dado aos sacerdotes de Candomblé

nha madrinha eram médiuns, era possível perceber que aqueles Caboclos e Pretos-Velhos tinham algo diferente, um mistério que a espiritualidade ocidental ainda não conseguia explicar. Porém, foi só em meados de 2015, durante a pesquisa para escrever meu primeiro livro, que encontrei o trabalho do antropólogo Renato da Silveira e a transcrição de documentos históricos de 1701 narrando os rituais realizados nos primeiros calundus de que se têm registro, apontando para uma resposta aos meus questionamentos e reforçando a definição da palavra "*calundu*":

> "*O rito começou com toques de atabaques, 'canzás' e cânticos na 'língua de Angola'. Branca dançou durante um certo tempo vestida apenas com uma tanga branca e torso borrifado com pó de pemba, até que deu um grande salto e caiu no chão, como que desmaiada, entrando em transe mediúnico. [...] Branca então levantou-se e falou com a voz alterada, invocando o espírito de seu falecido filho mais velho, que hesitou em baixar, intimidado pelo grande número de pessoas presentes; só incorporou-se em Branca depois que uma mesa foi arranjada com comida e aluá. O espírito então comeu e bebeu as oferendas e depois entrou no mato, de onde trouxe uma erva para curar a afecção de Felícia...*" (SWEET, 2003, apud SILVEIRA, 2010)

Nesse mesmo sentido, Mãe Stella de Oxóssi, saudosa Iyalorixá do centenário terreiro de Candomblé Ilê Axé Opô Afonjá, descreve um dos principais aspectos da crença africana, a partir dos quais podemos perceber a inter-relação entre o mundo físico e o mundo espiritual:

"[...] aqueles que obtiverem êxito no retorno ao òrun poderão nos visitar como ancestrais espirituais. [...] O que chamamos de alma, um elemento abstrato, logo será um ancestral e, a depender do seu grau de compromisso com a religião dos Orísa, se tornará um conselheiro para quem fica." (SANTOS, 2006)

Foi quando finalmente "caiu a ficha": Exu é realmente o senhor da comunicação! Não importa o nome, não importa o "tempero", apesar de todas as adversidades e violências sofridas por seus praticantes, Exu deu e sempre dá um jeito de ser louvado e de permitir que sigamos cultuando as Divindades Africanas e os Espíritos Ancestrais de uma maneira ou de outra. Se em séculos anteriores fazia-se "do jeito que dava", o que fazemos hoje é separar essas práticas em denominações diferentes, na tentativa de organizar e explicar práticas ancestrais.

O que pouca gente sabe - e com a "modernização" das religiões afro-brasileiras, quem sabe muitas vezes não conta pois assim acabariam desmentidos em suas práticas - é que, mesmo naquele tempo, poucas eram as pessoas que tinham a habilidade e para tais feitos e todas elas precisavam, antes, passar por uma série de rituais iniciáticos que as preparava e as autorizava a realizarem o contato entre o mundo dos vivos e o mundo dos mortos de maneira segura e correta. Da mesma maneira, a prática da incorporação e da comunicação com os Espíritos Ancestrais - de origem étnica bantu - acontecia em momentos separados daqueles dedicados às Divindades Africanas - em sua maioria de origem étnica iorubá, ainda que com a presença de outras etnias - e, muitas vezes, até mesmo em espaços separados.

É justamente em função dessa separação/organização das práticas que, em meados de 1788 e 1830, aparece, na Bahia, o Terreiro da Casa Branca do Engenho Velho, também conhecido por seu nome africano, Ilè Àse Ìyá Nasso Oká ou, segundo o pesquisador Pierre Verger, Ìyá Omi Àse Àirá Intilè. A "Casa Branca" foi o primeiro Candomblé de tradição iorubá formalmente organizado e, antes dele, o que existia eram apenas os calundus e outras variações de cultos familiares realizados principalmente na região rural das cidades. A partir de dissidências da Casa Branca e da migração dos calundus para os centros urbanos é que surgiram as demais casas matrizes dedicadas ao culto das divindades africanas: o Ilè Ìyá Omin Àse Ìyá Massé – o Terreiro do Gantois, da saudosa Mãe Menininha, fundado em 1849 – e o Ilè Àse Òpó Àfonjá, fundado em 1910 e dirigido até meados de 2018 por Mãe Stella de Oxóssi.

Por outro lado, o culto aos Espíritos acabou sendo relegado pelos templos soteropolitanos, mas encontrou guarida na Ilha de Itaparica, através dos templos de Baba Egun - ou Egungun - e em outras práticas espalhadas nas demais regiões do país, por meio da migração de negros escravizados desde a Região Nordeste até as Regiões Sudeste - especialmente o Rio de Janeiro, capital do país à época - e Sul do Brasil - nas regiões de Rio Grande e Pelotas, centros portuários e culturais da época.

Embora muito antes já estabelecido como centro político do Brasil Colônia, em 1822, o Rio de Janeiro torna-se oficialmente a capital política do país. Anos depois, com o fim da Era de Ouro nas Minas Gerais, tornou-se ainda o centro financeiro e comercial a partir do surgimento dos grandes cafezais.

Nesse ínterim, desde o início do século XVII até o início do século XX, a miscigenação étnica, cultural e espiritual no Rio de Janeiro fez surgir a expressão "macumba".

"A 'macumba' dos negros do Rio de Janeiro é a menos interessante das práticas afro-brasileiras, tamanho é seu grau de mistura e adulteração em contato com uma civilização urbana complicada e elaborada" (RAMOS, 1939, apud BROWN 1994, tradução minha).

Palavra "*pejorativa e geralmente utilizada por membros das classes sociais superiores para designar uma série de práticas religiosas ligadas à magia e à feitiçaria negras, ao mesmo tempo distintas e misturadas entre si pela pluralidade cultural e sincretismos diversos, e que se poderia definir como 'baixo espiritismo'*" (OXOSSI, 2015), felizmente a expressão ganhou caráter identitário entre os praticantes das religiões afro-brasileiras e de matriz africana no país: subvertendo seu uso original, designar-se "macumbeiro", nos dias atuais, é sinônimo de orgulho e reconhecimento social entre seus pares.

O mais conhecido e, talvez, mais detalhado registro sobre a Macumba Carioca data de 1904, publicado no então jornal Gazeta de Notícias, escrito pelo jornalista e poeta João do Rio (1976). "**As Religiões no Rio**" narra as aventuras do autor ao visitar diversas casas e templos das mais variadas expressões espirituais existentes no Rio de Janeiro do século XIX. Desde Centros Espíritas Kardecistas, passando por locais de culto à Magia Europeia e ao Satanismo Cerimonial - todos, obviamente, dominados e frequentados pela burguesia branca da cidade -, chegando aos mais humildes espaços de prática afro-brasileira - tanto em louvor às Divindades africanas quanto a Espíritos de todo o tipo - a narrativa é, até os dias de hoje, um dos mais detalhados registros sobre as práticas cariocas do período.

> *"É provável que muita gente não acredite nem nas bruxas, nem nos magos, mas não há ninguém cuja vida tivesse decorrido no Rio sem uma entrada nas casas sujas onde se enrosca a indolência malandra dos negros e negras. [...] Os nossos ascendentes acreditaram no arsenal complicado da magia da idade média, na pompa de uma ciência que levava à forca e às fogueiras sábios estranhos [...] Nós continuamos fetiches no fundo, como dizia o filósofo, mas rojando de medo diante do Feitiço africano, do Feitiço importado com os negros escravos [...]"* (RIO, 1976)

No mesmo sentido, se os anos decorridos desde a sua publicação não permitem explicar a questão em sua totalidade, é possível que "**As Religiões do Rio**" ao menos aponte alguns dos motivos pelos quais a "Quimbanda Carioca", ou "Quimbanda Nagô", como veremos nos próximos capítulos, mantenha até os dias atuais certa influência - e, porque não dizer, mistura - com elementos externos à sua origem negra.

Por sua vez, sobre o tráfico escravagista na Região Sul, o Babalorixá e Doutor em Teologia Hendrix Silveira (2020) explica que *"o Rio Grande do Sul nunca fez parte do tráfico [...] africano. O estado sempre recebeu esta mão de obra por rotas continentais"*. Na mesma pesquisa, em que traça as origens das religiões de matriz africana em solo gaúcho, o autor ainda afirma que, ao contrário da Bahia, os negros trazidos a esse estado eram, em sua maioria, de origem banto, mas já identificados com a crença iorubá, *"praticando e seguindo seus preceitos e fundamentos"*, demonstrando que os calundus e as práticas familiares dos séculos XV-XVII provavelmente influenciaram a formação afro-religiosa no sul do país. Entretanto, mesmo se notando a presença da população negra no Rio Grande do Sul desde meados do Século XVI, os registros históricos das práticas afro-religiosas no estado datam somente do final do Século XIX.

"Alguns registros remontam ao final do século XIX e início do século XX: Esà Kujobá, africano de nação Ijèsà, já tinha filhos iniciados em solo brasileiro entre 1900-1910, e, portanto, assume-se que sua prática remonta a anos anteriores; Mãe Emília de Oya Lajá, nascida na realeza africana e falecida em 1930, da qual não se tem precisão sobre datas de chegada ao Brasil, aportou em Rio Grande e é aceita pela comunidade religiosa como a precursora do Batuque de nação Òyó; Custódio Joaquim de Almeida – Príncipe Custódio -, também africano de nascimento, é o fundador do Batuque de nação Jèjè, tendo aportado em Rio Grande em 1899, mudando-se para Porto Alegre no ano de 1901; e Waldemar Antônio dos Santos - Waldemar de Sàngó Kàmukà -, do qual também não se tem precisão de datas, é, reconhecidamente, o fundador da nação Kabinda." (OXOSSI, 2015)

A temporalidade desses registros, assim como o histórico do tráfico escravagista notado por Silveira em sua pesquisa, pode nos levar a pensar que as tradições gaúchas tenham sofrido influência tanto das práticas estabelecidas na Bahia quanto das macumbas cariocas. Entretanto, é importante ressaltar que a maioria dos terreiros de Candomblé baianos e cariocas, assim como os de Batuque gaúcho, consolidaram-se através da espiritualidade de etnia iorubá, de culto quase que exclusivo aos Orixás - divindades africanas. Exceção a esse fato são as práticas das Nações Angola-Congo (Candomblé) e Kabinda (Batuque), que trazem em seus fundamentos relações íntimas com o culto aos espíritos - tanto aqueles considerados Ancestrais Honoráveis quanto os mortos anônimos.

Com isso, e na contramão da conclusão precipitada sobre a possível influência carioca sobre as práticas gaúchas, a citação da pesquisadora norte-americana Diana Brown a respeito de suas vivências nos templos afro-religiosos do Rio de Janeiro nos leva a outros questionamentos: *"um forte candidato a precursor da 'Macumba' (talvez até uma forma anterior desta) é a prática conhecida alternativamente por Candomblé das **Cambindas**"* [grifo meu]. Apesar da cronologia das religiões negras no Sul sugerir o contrário, teria realmente a prática gaúcha sofrido influência das misturas cariocas ou do já difundido Espiritismo Kardecista, aliado às tradições de nação Kabinda/Cambinda? Seriam essas tradições que dariam vazão ao surgimento das tradições de culto às Entidades e Espíritos como as conhecemos hoje em dia? Esta é uma pergunta para a qual talvez nunca tenhamos resposta. Ainda assim, fato é que no início do Século XX, quase à mesma época da fundação do Batuque no Rio Grande do Sul, acontecia, no Rio de Janeiro, o surgimento da Umbanda – origem fundamental das formas de culto aos Exus e Pombagiras e predecessora da Quimbanda.

Por isso, se você está decidido a conhecer verdadeiramente os cultos a Exu e Pombagira, é preciso antes reconhecer suas origens: a Quimbanda - seja ela gaúcha, carioca ou outra - nasceu a partir da Umbanda e isso é inegável!

Numa tentativa de distanciarem-se da Umbanda devido à sua base cristã e, ao mesmo tempo, validarem-se enquanto detentores de fundamentos "originais", de uns anos pra cá virou moda entre alguns "quimbandeiros" apresentarem-se com nomes iniciáticos cada vez mais elaborados: *tatas/tatetus, iyayas/mametus* com complementos ininteligíveis, fazendo parecer que, ao digitarem, batem a cabeça no teclado e postam o resultado sem sequer ler. Além deles, outra leva de praticantes, mais acadêmica, tenta de todo jeito defender que a Quimbanda seria uma tradição africana que apenas se ressignificou no Brasil, justificando isso pela palavra que denomina essa tradição. Talvez não tenham compreendido a diferença entre influência e origem...

Ainda assim, com Q ou com K, o culto aos Exus e Pombagiras é tradição legitimamente brasileira e tem origem em sua coirmã, a Umbanda. Negar isso ou é "síndrome de cachorro vira-lata", ou é desonestidade. Ou, talvez, os dois... Sim, desonestidade: tanto quanto misturar Umbanda com Candomblé, Candomblé com Ifá, ou Quimbanda com Goécia (um tipo de magia europeia). Os que fazem isso, infelizmente, o fazem ou por desconhecimento e falta de aprendizado dentro dos terreiros tradicionais, ou como tentativa de se validarem e se diferenciarem enquanto sacerdotes/sacerdotisas no mercado da fé, oferecendo "segredos e fundamentos perdidos".

Como vimos, é fato histórico que todas as tradições espirituais de origem negra praticadas atualmente receberam influência das práticas e costumes africanos, até mesmo em suas denominações: no idioma quimbundu, de origem bantu, a palavra "*kimbanda*" - com K - significa "*curador*" ou ainda "*aquele que se comunica com o além*". Isso, porém, não significa em absoluto que as atuais práticas chamadas "Quimbanda" tenham origem em território africano ou que, em qualquer momento, tenham sido praticadas por lá. Usar este argumento para querer atribuir o culto de Exu e Pombagira à África é, no mínimo, ingênuo. Ora, façam-me o favor! Se a Quimbanda como a conhecemos fosse tradição africana, os espíritos que nela são cultuados também o seriam e não se apresentariam com nomes tipicamente brasileiros como Tranca Ruas, Maria Padilha, Zé Pilintra ou Maria Mulambo.

QUIMBANDA

Em sua origem africana, Exu é a divindade da comunicação e do movimento. Interlocutor entre os homens e os deuses, conhecedor de todas as línguas, é ele quem leva os chamados, os desejos e os clamores dos que se encontram no mundo físico até o mundo espiritual. Se os homens necessitam do auxílio, Exu é o mensageiro encarregado do diálogo entre a África sagrada e o Brasil profano. Contudo, a partir da diáspora africana para as Américas, e para que seu culto pudesse ser mantido apesar de todos os desafios, Exu assumiu facetas diversas. No Brasil, as formas de tratá-lo foram adaptadas e transformadas de acordo com os recursos disponíveis em cada região, assim como pela disponibilidade de elementos naturais. Umbanda, Candomblé, Batuque, Tambor de Mina, Xangô, Xambá, Quimbanda... Cada uma dessas expressões religiosas tem maneiras características de louvar Exu, mas o seu papel enquanto princípio do movimento e da troca simbólica é a constante que une a todos numa só fé.

Ainda assim, mesmo que tenham o mesmo nome, o principal erro é confundir o Exu divindade - Orixá africano, potência divina da natureza - com os Exus entidades - espíritos ancestrais (portanto, mortos). Este é, mais uma vez e infelizmente, o maior erro cometido por grande parte dos curiosos e até mesmo dos praticantes destas tradições e, acima de tudo, um aspecto tristemente ligado ao racismo estrutural advindo do embranquecimento das religiões de matriz africana: enquanto em sua origem negro-africana o trato com os mortos era tido como natural, vez que, em sua grande maioria, lidava-se com espíritos familiares e com a perpetuação dos laços ancestrais, a popularização dessas tradições dentre a classe média branca nas décadas 1920-2000 trouxe consigo todos os preconceitos arraigados no inconsciente coletivo da burguesia dominante. Especialmente nos últimos anos, parece haver uma tentativa de pasteurizar o culto aos mortos, de santificar aquilo e aqueles que são transgressores e subversivos por natureza, de negar a natureza *marginal* de Exu no sentido literal da palavra: aquele que viveu à margem da sociedade. Com isso, criam-se discursos cada vez mais eloquentes, com expressões quase poéticas sobre "evolução", mas infestados de dogmas branco-ocidentais sobre a busca de uma suposta "iluminação" através da prática da bondade irrestrita ou, ainda pior, da divinização desses espíritos, transformando-os em personagens teatrais para suprir a carência emocional e espiritual daqueles que, mesmo inconscientemente, apropriam-se de uma cultura e tentam esvaziar-lhe o sentido original. A propósito, o que você lerá a seguir é uma das verdades fundamentais que precisam ser estabelecidas de início, diferentemente do que as diversas vertentes modernas da Umbanda e da Quimbanda, algumas até mesmo sem qualquer origem comprovada, tentam apregoar.

Absolutamente todo Exu e Pombagira - nome dado à sua contraparte feminina - foram encarnados, tiveram vida na Terra e morreram.

Somente assim, então, esses mortos têm a possibilidade de retornar ao mundo dos vivos através do fenômeno chamado "incorporação", a fim de serem louvados, homenageados, e para que possam aconselhar seus fiéis. Não existe "*Exu força-encantada-nuvem-de-energia-que-nunca-encarnou-e-irradia-vibrações-de-bondade*", quer se aceite isso ou não. Afinal de contas, este é o significado primordial de louvor aos espíritos: estamos falando de um culto à ancestralidade individual e coletiva, aos mortos que já estiveram entre nós.

Por sua vez, os espíritos cultuados na Quimbanda foram pessoas simples, que tiveram ligação com as diversas práticas mágico-religiosas de origem negra. Da mesma maneira, em sua maioria, pertenceram a grupos familiares do século XVII ao início do século XX, tendo, muitas vezes, etnia miscigenada devido às relações de sangue com as culturas nativas, vez que os brancos europeus se relacionavam com as escravizadas negras ou indígenas. É justamente por essa relação de sangue e ancestralidade que esses Espíritos passaram a ser invocados e cultuados nas práticas negro-espiritualistas, semelhante ao que vimos na descrição dos calundus de 1701 no capítulo anterior.

Também por isso, deixando a narrativa branco-burguesa-evolucionista de lado, é quase óbvio concluir que esses Espíritos tiveram origem pobre e humilde, afinal, a história do povo negro no país não dá margem aos discursos higienistas da modernidade religiosa. A propósito, é exatamente por terem experimentado a vida como ela é, com todas as dores e desafios impostos àqueles que foram relegados à margem, à marginalidade, que os Exus e Pombagiras são considerados os Espíritos mais próximos de nós - seres humanos encarnados - e têm a sabedoria necessária para nos guiar e aconselhar sobre as situações mais humanas e mundanas que nos afligem e angustiam.

Foi então que, no final do Século XIX e início do Século XX, esses espíritos - por seu caráter irreverente e debochado, que desafiava a ordem e os dogmas da Igreja e da sociedade cristã da época - passaram a ser chamados "Exus". Um equívoco linguístico, certamente, visto que Exu é a divindade Nagô, mas também um acerto conceitual ao lhes emprestar o nome da divindade africana que, sendo o Senhor das Provocações, tanto se assemelha a eles. Neste sentido, há, inclusive, um movimento de sacerdotes e praticantes da atualidade, principalmente na Região Sudeste do Brasil, que tenta simplificar a diferenciação Divindade/Espírito através da grafia: Eṣu, com ṣ, para designar o Orixá; Exu, com x, para designar os Espíritos. No Sul do país, por sua vez, essa diferenciação é bastante definida: não há ṣ em Eṣu: o Orixá da comunicação e do movimento é chamado Bará, cultuado no Batuque e nas tradições de matriz africana. Já Exu é com x mesmo e denomina os Espíritos cultuados na Umbanda e na Quimbanda. Ainda assim, a título de curiosidade, a denominação mais correta que deveríamos utilizar para esses Espíritos seria justamente "*kimbandas*", a palavra do idioma quimbundu, pois assim eram conhecidos os chefes-feiticeiros das tribos africanas tanto nos territórios bantu quanto no Brasil escravocrata.

Foi o caráter provocador de Exu, inclusive, que fez meu coração bater mais forte quando visitei uma "Gira de Esquerda"[2] pela primeira vez. Apesar da infância na Umbanda e da formação escolar em colégio luterano, as espiritualidades que eu conhecera desde criança acolhiam, acalmavam, apaziguavam..., Mas não davam uma resposta completa ao que eu descobriria ser a "vida adulta". Se, nos passes espirituais dos Caboclos, eu encontrava força e coragem... Se, nos conselhos e nos abraços apertados dos Pretos Velhos, eu encontrava paz e acalanto... Se, nas brincadeiras e risadas dos Erês, eu redescobria a alegria de viver... Faltava, ainda, alguma coisa que me fortalecesse para enfrentar as provocações, perigos e malícias tipicamente humanas da vida.

Talvez você já tenha percebido, talvez não, mas é comum que assumamos jeitos de ser diferentes conforme o ambiente e o contexto em que vivemos. A maneira como lidamos e nos relacionamos com os colegas de trabalho, por exemplo, é diferente daquela que temos com nossos familiares ou com nossos maridos, esposas ou filhos. Cada lugar, cada momento, exige de nós uma maneira de ser e assim também acontece com a espiritualidade: cada linha de trabalho - chamadas "*falanges*" - tem arquétipos e potencialidades próprias, que atendem às diversas nuances da vida cotidiana. Entretanto, é através da iniciação e da construção de intimidade com Exu e Pombagira, por seu comportamento irreverente e por estarem acostumados às dores e aos prazeres da vida, que podemos estabelecer relações quase

---

[2] Nome dado às sessões de Exu e Pombagira na Umbanda, que estabelecem uma dicotomia direita/esquerda – bem/mal entre os Espíritos.

que pessoais, como se estivéssemos verdadeiramente entre amigos. Com eles, podemos falar de tudo, rir e contar os mais profundos segredos sem medo de julgamento e sabendo que, ali, encontraremos os mais fiéis e leais cúmplices para a vida.

Resumindo: "quimbanda" - com Q ou com K - é o nome dado a um conjunto de práticas espirituais afro-brasileiras dedicada à adoração e culto de espíritos marginais, com grande influência dos rituais de feitiçaria africana, símbolos e ritos iniciáticos próprios, e de dogmas que a organizam social e religiosamente. Junto a Exu e Pombagira, outras falanges também se apresentam em seus rituais: Malandros, Ciganos e Povo do Oriente, Caboclos e Pretos Velhos Quimbandeiros e todos aqueles chamados "Povo de Rua". Além disso, na tradição que se funda no Rio Grande do Sul em meados da década de 1950, há ainda a prática direta de culto e rituais às almas de entes queridos e de mortos desconhecidos - o Culto de Egun. Com isso, a religião afro-gaúcha reforça, uma vez mais, seu caráter de louvor e fortalecimento da ancestralidade dos seus iniciados, da comunidade que se cria em função do Templo / Terreiro em que é praticada e, por que não, de todo o povo negro do Brasil e Américas.

Entretanto, ainda que em todas as tradições afro-religiosas Exu seja sempre o primeiro a ser louvado, na grande maioria delas ele está sempre relacionado - e, por que não dizer, subjugado, ou melhor, *(re)escravizado* - à hierarquia e ao comando de uma força "superior", como Caboclos ou Orixás, por exemplo. Mesmo na Umbanda Tradicional, de onde nasce a Quimbanda, Exu era (e em muitos templos ainda é) tido como o faxineiro astral, o capataz que responde aos Senhores e atende ao que lhe for ordenado por paga ou barganha, mas sem autonomia. Na tentativa de quebrar os grilhões da escravidão, muitas dessas tradições, porém, acabaram por repeti-la, colocando esses Espíritos numa posição de subserviência. Na Quimbanda, porém, Exu assume lugar de destaque e torna-se independente e autossuficiente, assumindo seu Reinado na Magia e sua posição de liderança, e manifestando-se de maneira singular.

DÉCADAS 1900-1940

A origem dos cultos a Exu – e, posteriormente, a Pombagira – é tão controversa e plural quanto sua personalidade. Por mais puristas que tentemos ser, até o início do Século XX, as práticas espiritualistas em todo o Brasil aconteciam de maneira orgânica, misturando elementos de diversas origens – especialmente as africanas e as indígenas. Da mesma maneira, é fato histórico que havia, entre os africanos e afrodescendentes praticantes do Candomblé, um senso de conservadorismo tradicional que condenava os cultos aos espíritos, resistia a eles, e tentava preservar uma suposta "pureza" ao restringir suas práticas às divindades africanas – Orixás, Voduns e Inkices. Não é à toa que um dos primeiros sacerdotes de Orixá a ganhar notoriedade fora da Bahia fora o saudoso "Joãozinho da Goméia" - ou Pai Joãozinho da Pedra Preta (1914-1971). Dentre suas polêmicas, a primeira e mais contundente delas foi o fato de ele cultuar Espíritos e Orixás simultaneamente. O nome "da Pedra Preta", aliás, faz referência ao Caboclo que ele incorporava e através do qual iniciou e consagrou a sua história religiosa.

Assim, é ponto pacífico que o culto a espíritos de caráter marginal – familiares ou não – já existisse em anos anteriores, mas realizado por outros grupos que não os candomblecistas.

Tão certo quanto isso, é preciso que sejamos honestos: mesmo que antes da anunciação da Umbanda em 1908 já existissem as práticas com esses Espíritos, e mesmo que eles já tivessem tomado o nome "Exu" emprestado dos iorubás, o que se fazia àquele tempo não é, absolutamente, o que passou a ser praticado a partir de então e que, mesmo com todas as modificações contemporâneas, segue sendo praticado essencialmente da mesma forma. Dizendo de outro modo, no século XIX, não havia Umbanda, nem Quimbanda. Havia, no Sudeste, a Macumba.

Dessa maneira, é importante estabelecermos uma verdade fundamental: mesmo as influências africanas na Quimbanda sendo entendidas a partir dos Calundus e da Macumba Carioca, é somente em função da existência da Umbanda que a Quimbanda se estabelecerá enquanto prática espiritual como a conhecemos. Do mesmo modo, é somente a partir da ruptura estabelecida em meados da década de 1960, no Rio Grande do Sul, que a Quimbanda deixará seu caráter de oposição à Umbanda e seus aspectos enquanto culto paralelo e se formará como religião independente, assumindo nuances que vão além do espiritual, passando pelo cultural, social e político.

Anunciação da Umbanda

A história de anunciação da Umbanda por Zélio Fernandino de Morais (1891-1975), em 1908, é amplamente conhecida e detalhadamente descrita no meu primeiro livro,

"**Desvendando Exu**". Resumidamente, em 1908, aos 17 anos de idade, Zélio foi acometido por uma grave doença e curou-se espontaneamente, sem explicação médica ou científica. Com isso, e por indicação de um amigo, o jovem visitou uma sessão kardecista na Federação Espírita do Estado do Rio de Janeiro, então à cidade de Niterói, onde experimentou pela primeira vez a incorporação do Espírito chamado "**Caboclo das Sete Encruzilhadas**". Ao ser convidado pelo dirigente da Federação a retirar-se da sessão, considerado "atrasado" frente aos demais Espíritos que ali estavam, o Caboclo das 7 Encruzilhadas anunciou uma nova religião, a que chamou "Umbanda", dizendo:

> *"Aqui inicia-se um novo culto em que os espíritos de pretos velhos africanos, que haviam sido escravos e que desencarnaram e não encontram campo de ação nos remanescentes das seitas negras, já deturpadas e dirigidas quase que exclusivamente para os trabalhos de feitiçaria e os índios nativos da nossa terra, poderão trabalhar em benefícios dos seus irmãos encarnados, qualquer que seja a cor, raça, credo ou posição social. A prática da caridade no sentido do amor fraterno, será a característica principal deste culto, que tem base no Evangelho de Jesus e como mestre supremo Cristo."* (MORAES, 1908, apud FIGUEIREDO, 2015).

No dia seguinte, na residência de Zélio, fundou-se, então, o primeiro templo de Umbanda conhecido: Tenda Espírita Nossa Senhora da Piedade. A partir de 1918 e até meados de 1935-40, também por orientação do Caboclo das 7 Encruzilhadas, Zélio fundaria mais sete locais de prática umbandista:

1. Tenda Nossa Senhora da Guia
2. Tenda Nossa Senhora da Conceição
3. Tenda Santa Bárbara
4. Tenda São Pedro
5. Tenda Oxalá
6. Tenda São Jorge
7. Tenda São Jerônimo

Filha direta de uma fusão de aspectos do Espiritismo Kardecista francês e da Macumba carioca, desde a sua fundação, a Umbanda é caracterizada por um processo de higienização das práticas negras pertencentes à Macumba, que não eram bem-vistas pela sociedade branca e de classe média. Melhor dizendo, mais do que higienizar suas práticas, a Umbanda do início do Século XX apropriou-se de aspectos da Macumba Carioca que considerava palatáveis e minimamente aderentes à doutrina de Allan Kardec e à proposta cristã de seu fundador.

As 7 Linhas de Umbanda e de Quimbanda

Bebendo nas fontes e nos costumes dos espíritas kardecistas, em que o estudo e pesquisa teóricas embasam a prática espiritual, os primeiros expoentes da Umbanda nas décadas de 1910 a 1930 buscaram teorizar e relativizar suas origens, quer fosse através do próprio Espiritismo, quer fosse buscando outras origens – mesmo africanas, desde que não fossem negras. As primeiras tentativas de codificar a Umbanda datam desse período, com as publicações do jornalista Leal de Souza – em especial

"O Espiritismo, a Magia e as Sete Linhas de Umbanda", de 1933, considerado o primeiro livro impresso sobre o tema. Nele, além de teorizar sobre as diferenças entre "alto e baixo espiritismo" e de tentar definir e relacionar "macumba" e "magia negra" – ao que atribui a presença e existência de Exu e do "Povo da Encruzilhada" -, é possível encontrar a primeira tentativa de organizar hierarquicamente os Espíritos cultuados na nova religião, distribuídos nas "Sete Linhas Brancas", relacionando-as aos Orixás do panteão africano:

1. Oxalá
2. Ogum
3. Euxoce (Oxóssi)
4. Xangô
5. Nha-San (Iansã)
6. Amanjar (Iemanjá)
7. Almas (ou Linha de Santo)

A partir desse período e nas décadas seguintes, a fim de minimizar os ataques em virtude da perseguição social e policial, muitos Terreiros de Macumba passaram a adotar a denominação de "Casas", "Centros" ou "Tendas" umbandistas. É importante ressaltar, ainda, que, originalmente, Zélio de Moraes não trabalhava nem reconhecia publicamente a existência dos Exus. A chamada "Linha da Esquerda" só passou a ser inserida no movimento umbandista a partir da fundação da Tenda Espírita São Jorge, a sexta tenda dentre as criadas por ele. Somente ali, na década de 1930, João Severino Ramos, seu fundador e médium do Exu Tiriri, passou a fazer giras de Exus. Da mesma maneira, mesmo que à época o termo "Quimbanda" ainda não tivesse sido criado, os escritos de Leal de Souza já apontam para a dicotomia do bem e do mal:

> *"Os trabalhadores espirituais da Linha de Santo, caboclos ou negros, são egressos da Linha Negra, e tem duas missões essenciais na Branca - preparam, em geral, os despachos propiciatórios ao Povo da Encruzilhada, e procuram alcançar amigavelmente de seus antigos companheiros, a suspensão de hostilidades, contra os filhos e protegidos da Linha Branca. Por isso, nos trabalhos em que aparecem elementos da Linha de Santos, disseminados pelas outras seis, estes ostentam, com as demais cores simbólicas, a preta, de Exu."* (SOUZA, 1933)

Poucos anos depois, em 1942, Lourenço Braga publica "**Umbanda (Magia Branca) e Quimbanda (Magia Negra)**", uma extensão dos artigos e das pesquisas apresentadas por ele e outros intelectuais no "**Primeiro Congresso Brasileiro do Espiritismo de Umbanda**", realizado no ano anterior. Ainda que nos anais desse Congresso a menção à palavra "Exu" não apareça – maquiada sob a figura do "Guardião" –, seus artigos deixam óbvia a insistente necessidade ocidental de separar o bem e o mal, de atribuir à Umbanda uma prática exclusivamente cristã e benfazeja e de se afastar cada vez mais das práticas da Macumba Carioca. Se esta é a primeira publicação que registra o uso da palavra "Quimbanda" como uma prática em oposição complementar à "Umbanda", é também nela que o autor tenta organizar seus Espíritos em "Sete Linhas Negras", em contraponto complementar à organização estabelecida por Leal de Souza:

1. Linha de Malei

"Quase todos eles têm cauda e chifres, porém uns têm pés e pernas como bode... São especialistas os Exus, em geral, em provocar o vício do jogo, da embriaguez, do roubo, ou em produzir a loucura, a separação de casais, dores de cabeça, agulhadas, coceiras, distúrbios sexuais, impotência, pederastia passiva e ativa, e outros vícios, provocam a neurastenia, os ataques, a mania de praguejar...[3]

2. Linha do Cemitério

"...têm a forma de um esqueleto humano, andam sempre agrupados, possuem luz vermelha, carregam uma bandeira branca, tendo traçado, em cor preta, o símbolo da linha. Esses espíritos são teimosos e persistentes na prática do mal, são manhosos e mais sorrateiros que os Umuluns. (...) são especialistas em mandar a criatura, vítima das suas perseguições, para o outro mundo, e em produzir paralisias, patetices, congestões cerebrais..."

3. Linha dos Caboclos Quimbandeiros

"Nessas condições acham-se também os espíritos de Caboclos Quimbandeiros, cujo chefe é Pantera Negra. Essa linha é composta de espíritos de caboclos das Américas, os quais já se misturam nas legiões de caboclos Umbandistas."

4. Linha de Mossorubi

"...são pretos, uns com penas na cabeça e na cintura, outros usam enfeites, andam cheios de adornos pelo

---

[3] Todas as descrições em grifo são de Lourenço Braga em 1946 e 1961.

corpo, usam braceletes, argolas nos lábios e nas orelhas; tem luz de cor vermelha. Essa linha é composta de espíritos de Cafres, Zulus, Hotentotes etc., (raças africanas)."

5. Linha da Almas

"...cuja forma é apavorante; são peludos, como se fossem ursos, brancos uns e cinzentos outros, possuem mãos e pés com unhas em forma de garras, orelhas pontudas, dentes idênticos aos do javali, em alguns, 2 cornos, em outros, um só e central; em alguns, dois olhos, em outros, só um e central; são todos tortos de corpo, pés e braços e andam de rastros, sendo sua luz de cor vermelha escura."

6. Linha Mista

"...se comprazem na prática do mal, com todos os componentes das outras Linhas, porém agem indiretamente, isto é, arregimentando espíritos sofredores, desconhecedores do estado espiritual em que se encontram, para colocá-los juntos da pessoa ou grupo de pessoas a quem desejam fazer mal, provocando assim no paciente moléstias diversas..."

7. Linha Nagô

"...são perfeitamente iguais a um negro forte. (...) São mais violentos que qualquer dos outros espíritos das outras 6 linhas, são astuciosos, inteligentes, sabidos, conhecedores da Magia Negra, sabem jogar com os elementos da terra, do ar e do mar e, como os Exus, eles também praticam o bem e o mal, a troco de presentes nas encruzilhadas."

Em suas descrições e definições, porém, é notório que Lourenço Braga não busca explicar a organização das diversas categorias de Espíritos em sua classificação, muito menos criar uma hierarquia teológica que explique a concepção de mundo em termos culturais, espirituais ou filosóficos. Ao contrário, de forma rasa e preconceituosa, o que Lourenço Braga faz é puramente separar e condenar novamente à marginalidade tudo aquilo que não fosse estritamente umbandista.

"*...Nessa organização espiritual, que se achama lei de Quimbanda, ou, simplesmente Quimbanda ou Quibanda, que vem a ser Qui + Banda, isto é, a banda, lado do mal...*

...os espíritos de cada linha tomam forma bizarra, dentro das suas possibilidades de espíritos ainda atrasados na escala do progresso." (BRAGA, 1961)

Seus escritos se tornariam, enfim, sementes ao que podemos chamar de "Culto do Opositor", reforçado pelas publicações de autores como Aluízio Fontenelle (em meados de 1950), nas quais se encontra, pela primeira vez, uma tentativa de paralelismo entre os Exus conhecidos à época e as práticas de demonologia, os quais seriam "*comandados em hordas a partir de um "alto comando" governado por Lúcifer, Béelzebuth e Aschtaroth, em oposição ao Pai, Filho e Espírito Santo*" (OXOSSI, 2015).

O nascimento da Quimbanda Nagô

Se por um lado é compreensível e natural que, dadas as suas origens burguesas, os umbandistas dos idos de 1920-1940 tentassem de toda forma se afastar das práticas negras e, portanto, maléficas da "Macumba", por outro lado, o fato de muitos templos mudarem suas denominações para atender às expectativas umbandistas não lhes extinguiu as práticas anteriores. Com isso, é também bastante provável e natural que aquilo que não fosse "Umbanda", logo, aceito socialmente e de acesso ao grande público, tomasse forma em práticas paralelas e, portanto, secretas. Afinal, era preciso dar vazão às práticas da Macumba que não encontravam lugar nessa nova religião urbanizada e aburguesada. Com isso, extirpados os elementos socialmente aceitáveis para a formação da Umbanda, aquilo que restou parece ter dado origem à Quimbanda.

Da mesma maneira, é provável e, por que não, possível afirmar que enquanto as Macumbas eram afastadas da prática umbandista, elas se aproximavam das práticas do Candomblé, que já existiam no estado desde o fim do Século XIX, e com o qual mantinha similaridades em suas práticas: o toque de tambores, as sessões noturnas, o sacrifício animal e o culto a uma "energia" (aqui indistintamente Orixá ou Espírito) chamada "Exu". Conforme relatos do pesquisador e babalaô Agenor Miranda (MIRANDA, apud CONDURU, 2010), em meados dos anos 1920-1930 *"três das quatro casas [de Candomblé] existentes até então [no Rio de Janeiro] fecharam, levando à dispersão das pessoas iniciadas em cada uma delas."*.

É no mesmo período que, vindo da Bahia, o mais famoso sacerdote de Orixá no Sudeste chega ao Rio de Janeiro. Iniciado em 1931 por *Tata Jubiabá*, Joãozinho da Goméia – *Tata Londirá* - estabelece residência carioca entre 1942 e 1948, consolidando seu templo de Candomblé Angola. Homossexual assumido e orgulhoso, Joãozinho foi o primeiro homem iniciado como "rodante"[4] do qual se tem registro no Brasil. De personalidade forte, afrontava desde cedo os costumes: na vida civil, era conhecido por sua vaidade e, de quando em quando, por vestir roupas tipicamente femininas; na vida religiosa, por sua vez, era notado por misturar práticas africanas de etnia bantu e iorubá, bem como por incorporar o culto a Espíritos indígenas, através do Caboclo Pedra Preta. Joãozinho também foi conhecido por realizar a iniciação de dezenas – se não, centenas – de pessoas, sendo lembrado até hoje por ter recolhido um barco[5] com 19 iaôs[6] simultaneamente, dada a complexidade desses rituais.

Segundo fontes orais que conviveram com Joãozinho em meados dos anos 1950-1960, além do Caboclo Pedra Preta, anos depois, ele ainda teria absorvido em suas práticas, muito discretamente, o culto a Espíritos marginais através da incorporação da entidade chamada Pombagira Rainha das 7 Encruzilhadas. Mesmo carecendo estas informações de fontes documentais, vez que nunca houve registro público de Joãozinho da Goméia cultuando Exus ou Pombagiras, um artigo da pesquisadora Andrea dos Santos Nascimento (2020) traz, ainda, o depoimento de Ileci da Oxum, "mãe criadeira" do terreiro da Goméia, que diz: *"Pai João não gostava que baixasse pombagira no terreiro não! Quando acontecia de baixar Exu e pombagira ele pegava pessoal-*

---

[4] Expressão que designa os iniciados sujeitos ao transe de incorporação.
[5] Grupo de pessoas que se iniciam juntas numa tradição.
[6] Noviços aspirantes à iniciação no Candomblé

mente a pessoa incorporada e saía com ela pra bem longe.". Com isso, é fato que, pública ou discretamente, a incorporação de Exus e Pombagiras acontecia no Terreiro da Goméia.

Da mesma maneira, se considerarmos que Joãozinho da Goméia não poupou esforços para se afastar dos estigmas de pobreza intrínsecos às comunidades negras da época, tal discrição se explica ainda mais e nos faz lembrar o processo de renomeação de alguns templos, da separação entre Umbanda e Macumba e do consequente ocultamento das suas práticas em "cultos paralelos e secretos". Afinal, em oposição à popularidade de Joãozinho - que atraía grandes nomes da sociedade branca e burguesa, como artistas e políticos - estava a impopularidade das práticas que mantivessem relações com as Macumbas Cariocas já nos idos de 1940. Junte-se a isso o ideário da época sobre Exu e Pombagira, classificados como entidades malignas e maléficas, dedicadas exclusivamente a trabalhos negativos, e a discrição quase secreta de Joãozinho da Goméia quanto ao culto de Exus e Pombagiras em seu terreiro se justifica por completo.

Não havia, até então, "Templos de Quimbanda" como atualmente. Ao contrário, mesmo as Macumbas anteriores a 1940-1950 já carregavam um caráter "não-público", que se reforçou a partir de então com a repressão policial às religiões afrobrasileiras. Tais locais desde sempre foram tidos por seus frequentadores como práticas paralelas à religião formal, um ponto de escape e de catarse aos sentimentos, desejos e objetivos egoístas, individualistas e, por que não, demasiadamente humanos – tais como Exu. Praticar "Quimbanda" era como ter uma arma e, assim, deveria ser mantida longe dos olhos públicos.

O que passou a se organizar dali pra frente nos cultos de Exu e Pombagira, no Rio de Janeiro, tomou para si tecnologias muito semelhantes às do Candomblé no culto a Eşu: a simplicidade das oferendas (variações de farofas de cachaça, azeite de dendê, mel e água); o processo iniciático com a abertura de *curas*, pequenas escarificações na pele; a construção de *assentamentos*[7] dos Espíritos – chamados *Nganga, Cabala* ou *Abassê* -, feitos com elementos bastante semelhantes aos utilizados nos assentamentos de Eşu; e, tão importante quanto, o uso de uma ferramenta de comunicação com esses Espíritos composta por quatro conchas de búzios, à semelhança dos oráculos *obi* e *orogbo*, extensamente utilizados nos Candomblés como ferramenta de comunicação com as Divindades africanas. Junte-se a isso o contexto histórico da época, as inegáveis contribuições e semelhanças de rituais do Candomblé de etnia bantu à prática de Exu e Pombagira no Rio de Janeiro dos anos 1940-1950 e, em especial, a descendência iniciática que chegaria a São Paulo nas décadas seguintes, pode-se, então, estabelecer a origem do que viria a ser chamado "Quimbanda Nagô" em Joãozinho da Goméia.

EXPANSÃO DA QUIMBANDA NAGÔ

Se a origem da Quimbanda na Região Sudeste do Brasil pode ser traçada até o Rio de Janeiro, com Joãozinho da Goméia

---

[7] Receptáculos de barro ou metal com elementos naturais diversos, onde são feitos os sacrifícios animais ao Espírito e onde, ainda, acredita-se "morar" a Divindade e/ou Espírito cultuado, e que não é comumente encontrado na Quimbanda Tradicional, vertente que será explicada nos próximos capítulos.

e as dissidências da Macumba, a expansão da Umbanda por todo o Brasil trouxe consigo adaptações culturais que permitiram, desde anos antes, que Exu e Pombagira se manifestassem em seus rituais com as chamadas "Giras de Esquerda", como já acontecia desde meados de 1930 na Tenda Espírita São Jorge, fundada por Zélio Fernandino de Moraes. Essas sessões, porém, eram restritas aos membros daquela comunidade e a poucos convidados externos; nelas, Exu e Pombagira ainda eram mantidos em sua posição de escravização frente aos Espíritos "chefes" da casa e serviam quase que exclusivamente ao papel de "faxineiros espirituais".

Por outro lado, a prática de Exu desvinculada da Umbanda – a Quimbanda Nagô -, seguia mantida em sigilo, tanto ao grande público quanto entre seus praticantes que, em sua absoluta maioria, não se apresentavam como "quimbandeiros" e nem mesmo comentavam sobre a existência de suas práticas – dentre algumas descendências, inclusive, havia um juramento de sigilo durante as iniciações. Da mesma maneira, a concepção que estes praticantes – tanto os umbandistas na "Linha de Esquerda" quanto os quimbandeiros em seus cultos secretos - tinham sobre os Espíritos cultuados repetia a visão crivada em meados da década de 1930-1940: Exu era a síntese do mal, dado aos trabalhos de "magia negra", como uma espécie de "Diabo brasileiro".

Justamente pela manutenção do segredo sobre estas práticas, somente cerca de cinquenta anos depois é que ela passa a apresentar alguns aspectos públicos. Ainda que seja inimaginável que a Quimbanda Nagô não tenha descendentes no Rio de Janeiro, traçar sua cronologia no estado é quase impossível. É em São Paulo, porém, que ela ganhará publicidade a partir de meados dos anos 2000, conforme a sucessão vinda da Goméia após o falecimento de Pai Joãozinho - *Tata Londirá* -, passando por *Tata Gitadê* até *Tata Kalunga* e *Tata Sigatana*, quem primeiro levou a sabedoria de Exu a países estrangeiros. Obviamente, estes não foram os únicos iniciados de cada um; entretanto, seus demais descendentes mantiveram-se em sigilo ainda mais restrito.

- **Década 1950** - Joãozinho da Goméia, *Tata Londirá*, no Rio de Janeiro
- **Década 1970** - *Tata Gitadê*, iniciado por Joãozinho da Goméia, que migra do Rio de Janeiro para São Paulo
- **Década 1980** - *Tata Sarrafo*, iniciado por *Tata Gitadê* em São Paulo
- **Década 1990** - *Tata Negão*, iniciado por *Tata Sarrafo* em São Paulo (Exu Tranca-Ruas e Exu Caveira)
- **Década 1990-2000** - *Tata Kalunga* e *Tata Sigatana*, iniciados por *Tata Negão* em São Paulo (Exu Marabô / Exu Mangueira e Exu Meia-Noite / Exu Morcego, respectivamente)

Curioso observar, e reforçando que a Quimbanda Nagô era mantida em segredo e como prática paralela, que todos esses sacerdotes e os demais iniciados por eles resguardavam seus nomes iniciáticos do grande público e alguns, por vezes, se envolveram em brigas e litígios nas mais variadas esferas contra quem revelava seus nomes civis ou os associava à prática quimbandeira, afinal, se apresentavam aos olhos da sociedade como Babalorixás de Candomblé e/ou Dirigentes Umbandistas. Como tais, por sua vez, abriam as portas dos terreiros a visitantes e curiosos.

Por outro lado, se até então a prática de Quimbanda no Sudeste era restrita e sigilosa, a partir dos anos 2000-2010, com o advento da internet, ela começa a ganhar notoriedade pública por dois aspectos principais. Um deles, as descendências iniciáticas a partir de *Tata Kalunga*, que percebem a mudança dos tempos e o filão midiático que as redes sociais lhes trazem. É *Tata Kalunga* quem, pela primeira vez, oferece cursos e workshops sobre o **Oráculo de 12 Búzios de Exu** abertos a não iniciados, e, em dado momento, nos idos dos anos 2010, para se alinhar às correntes higienistas e às discussões sociais correntes à época, tenta pasteurizar a Quimbanda que recebeu dos seus ancestrais, substituindo o sacrifício de sangue por outros elementos de origem animal, o que felizmente foi rechaçado rapidamente.

No mesmo período, outro aspecto de popularização da Quimbanda na Região Sudeste é a inauguração do **Reino de Exu 7 Facadas e Pombagira Cigana**, dirigido por mim. Com iniciação em 2009 e *aprontamento*[8] em 2011, foi em 2012 que Mãe Ieda vem pela primeira vez a São Paulo e realiza os rituais e fundamentos necessários à inauguração do primeiro templo da chamada "Quimbanda Tradicional" fora da Região Sul do Brasil: as seguranças de portão, salão e fundos; o assentamento do Cruzeiro das Almas; as firmezas dos Sete Reinos de Quimbanda e, em especial, a abertura e assentamento dos Omotés de Exu –

---

[8] Expressão afro-gaúcha, a titulação de um dos graus iniciáticos da Quimbanda Tradicional, e que representa a "maioridade" religiosa, referindo-se àquele que está *pronto* para todos os segredos da religião.

os chamados *Buracos* – e minha titulação como Chefe de Quimbanda. O **Reino de Exu 7 Facadas** foi, então, um dos primeiros templos em São Paulo a se denominar publicamente como sendo "*de Quimbanda*" – senão o primeiro –, realizando sessões e festas "*de Quimbanda*" abertas à sociedade mais ampla, disponibilizando o acesso e a iniciação a quem o procurasse e divulgando suas práticas de maneira mais ampla.

DÉCADAS 1960-2020

Assim como o histórico sobre a anunciação da Umbanda por Zélio de Morais, a anunciação da Quimbanda Tradicional através de Ieda Maria Viana da Silva - **Mãe Ieda de Exu Rei das 7 Encruzilhadas** - é detalhadamente contada no meu primeiro livro, "**Desvendando Exu: O Guardião dos Caminhos**". Resumidamente, da mesma maneira que, no Rio de Janeiro, as práticas de Exu e Pombagira antes de 1962 já existiam no Rio Grande do Sul, tanto como culto paralelo e restrito, quanto como "Linha da Esquerda" em algumas Umbandas. É a partir da incorporação do Espírito chamado **Exu Rei das 7 Encruzilhadas** por Mãe Ieda, ainda nos primeiros anos de sua trajetória religiosa, e pela maneira com que esse Espírito se portava frente às imposições da época, que essa condição é quebrada. Entretanto, diferentemente do que se viu na Região Sudeste até meados dos anos 2000, a Quimbanda que se estrutura no Sul do país, em 1962, possuía aspectos públicos desde a sua origem.

"Deve-se ainda reiterar, com base em Ortiz (1978), que nesses contextos (umbandistas), a Quimbanda nunca configurou de fato um sistema religioso específico, existindo apenas como um aspecto cosmológico próprio da visão de mundo articulada na Umbanda. Na mesma perspectiva, a Quimbanda existente até a década de 1960 no ambiente gaúcho se refere a essa mesma repartição simbólica do cosmos umbandista, não havendo terreiros ou sistemas religiosos organizados especificamente em torno dos Exus, ou mesmo templos auto-referenciados como quimbandeiros. É somente após a inserção da Linha Cruzada, via sua presença tímida na Umbanda, que o culto àquelas divindades sofrerá profundas alterações. São essas mudanças que irão engendrar uma nova forma religiosa, que a partir de então será auto-referenciada como Quimbanda, com ritos e sistemas de crenças próprios, bem como uma visão de mundo e um ethos particulares." (LEISTNER, 2014, apud OXÓSSI, 2015).

Se até então os Exus continuavam subjugados a um comando advindo de outras práticas, como Caboclos ou Orixás, e tidos como serventes espirituais, o Exu de Mãe Ieda, carinhosamente chamado de *Seu 7*, não aceita essa condição e se anuncia tão importante quanto elas. Nesse momento, passando pelo ritual denominado "Cruzamento de Bará", ele recebe oferendas e sacrifícios rituais simultânea e juntamente com o assentamento do Orixá Bará / Eşu. Com isso, o até então "inferior" simbolicamente se iguala em força e hierarquia à divindade africana.

No mesmo sentido, é Exu Rei das 7 Encruzilhadas, incorporado em Mãe Ieda, quem primeiro veste roupas típicas de quando fora vivo e de como vemos muitos Exus atualmente:

capa, cartola, bengala... Em todos esses elementos, *Seu 7* foi pioneiro, um escândalo frente à costumeira "roupa branca" umbandista. É ele, ainda, quem, pela primeira vez, realiza rituais de Exu à beira do mar, "profanando" o local até então considerado sagrado por sua associação à Orixá Iemanjá. Exu Rei das 7 Encruzilhadas também passa a receber sacrifícios de animais de grande e médio porte - como caprinos e, anos mais tarde, bovinos -, e em grandes quantidades, ao passo que, fosse na Região Sul ou Sudeste, quando existentes, esses sacrifícios limitavam-se a poucas aves. Nesse ínterim de cerca de 20 anos, entre as Décadas 1960 e 1980, as práticas de Mãe Ieda e de *Seu 7* passaram a estabelecer diretrizes iniciáticas e ritualísticas que os afastavam ainda mais de qualquer vertente ou variação do culto de Exu praticado até então. Agregaram, ainda, fundamentos exclusivos à nova religião em formação, como o trato direto com as almas de falecidos conhecidos ou anônimos – o Culto de Egun – e os Omotés – ou "Buracos de Exu" -, uma espécie de assentamento feito diretamente na terra e em alusão à cova onde esses Espíritos teriam sido sepultados, a titulação de sacerdotes chamados "Chefes de Quimbanda", a inauguração de templos religiosos abertos ao público e dedicados exclusivamente a essas práticas, e a organização dos Espíritos nela cultuados não mais nas "7 Linhas Negras" - rasa tentativa de oposição às 7 Linhas de Umbanda -, mas nos "7 Reinos de Quimbanda". Em seus significados mágicos, simbólicos e filosóficos, os 7 Reinos da Quimbanda formam um engendrado conceito que se propõe a organizar a vida em seus aspectos mais plurais:

1. Reino das Encruzilhadas
2. Reino dos Cruzeiros
3. Reino das Matas
4. Reino dos Cemitérios
5. Reino das Almas
6. Reino da Lira
7. Reino das Praias

Apesar dos muitos anos de vivência, foi só ao escrever este livro que percebi uma nada coincidente semelhança – ou, melhor dizendo, complementariedade: se, no Rio de Janeiro, a Quimbanda começa a se formar com a Pombagira Rainha das 7 Encruzilhadas - um Espírito feminino que incorporava em Joãozinho da Goméia, homem negro e pobre -, no Rio Grande do Sul, ela é anunciada por Exu Rei das 7 Encruzilhadas – um espírito masculino que incorpora, até os dias atuais, em Mãe Ieda, mulher negra de origem bastante humilde. Mais uma vez, Exu e Pombagira mostram que organizam o mundo pelo equilíbrio dos opostos complementares, pela subversão dos conceitos ocidentais de bem/mal, certo/errado, homem/mulher, e que sua origem é, definitivamente, afro-brasileira.

A Quimbanda é, portanto, a legítima *magia negra brasileira*. Originada do povo negro-brasileiro, que através da manutenção e adaptação das práticas de feitiçaria e espiritualidade recebidas de seus ancestrais africanos e suas interseções com os recursos disponíveis por aqui no contexto histórico do Brasil Colônia, estabeleceram uma forma de prática religiosa que prioriza o *eu*, valoriza os desejos individuais do seu praticante ao estabelecer uma relação de cuidado recíproco entre iniciado e Espírito, e não se envergonha de utilizar os recursos mágicos que tem à disposição para alcançar seus objetivos, se afastando dos dogmas de *culpa e pecado* intrínsecos às religiões cristãs.

O egoísmo, que parece surgir da individualidade afirmada pela Quimbanda e reforçada pela amoralidade de Exu, porém, não significará imoralidade e exigirá, a cada passo do quimbandeiro, um senso ainda mais refinado de responsabilidade – com o mundo ao seu redor, mas principalmente consigo. É exatamente pelo aspecto individualista e libertário da prática quimbandeira que o ditado "tudo lhe é permitido, mas nem tudo lhe convém" faz ainda mais sentido. Se, por um lado, a troca simbólica de cuidados mútuos entre iniciado e Espírito favorecerá a conquista dos seus desejos e caprichos, é justamente aí que o caráter provocador de Exu se apresentará ainda mais intenso ao seu pupilo. *"Quer? Eu te dou! Porém, assuma as consequências!"*, parece ser o recorrente diálogo entre eles, fazendo com que o quimbandeiro reflita constantemente sobre a inevitabilidade da vida e as implacáveis continuidades e resultados de ter atendidos os seus desejos mais profanos. Com isso, ainda que tenha a magia a seu dispor, ele passará (ou assim se espera que faça) a desenvolver a consciência e a responsabilidade por suas escolhas.

Quimbanda Tradicional

Mesmo que, em linhas gerais, a tradição carioca e gaúcha tenham, em sua essência, a mesma sequência de vínculos espirituais em seus rituais de iniciação e passagem, em contraste à simplicidade dos ritos da Quimbanda Nagô - emprestados das Macumbas e dos Candomblés -, a Quimbanda Tradicional – que inegavelmente bebeu na fonte do Batuque Afro-Gaúcho - reúne complexos rituais de iniciação e de passagem de grau. Além disso, por seu caráter público, a Quimbanda Tradicional também passou a atribuir a seus iniciados um senso de pertencimento e identidade próprios, fazendo com que, orgulhosamente, se assumissem "quimbandeiros". A bem da verdade, e à revelia das discussões acadêmicas sobre o uso dos termos a seguir, é possível afirmar que, enquanto a Quimbanda Nagô fez questão de se manter privada, como *culto paralelo* a outras práticas, a Quimbanda Tradicional se abriu publicamente como *religião*.

Nesse sentido, o tipo de relacionamento que se estabelece entre os praticantes e os Espíritos cultuados, em especial, tem destaque. Desde a iniciação e por toda a sua vida religiosa, o quimbandeiro constrói uma relação de afetividade e de cumplicidade com o Exu e a Pombagira ao qual é iniciado, quase que numa amizade simbiótica que retrata o ditado *"Exu cuida de quem cuida de Exu"*. O senso de pertencimento que surge daí diz respeito tanto à religião quanto ao próprio Espírito: "meu Exu" ou "minha Pombagira" são expressões corriqueiras dentre seus membros, que buscam agradar e presentear "seus Espíritos" com o que há de melhor, seja em oferendas, seja no apreço e cuidado com os Templos, seja nas roupas e alegorias com as quais eles se vestirão quando incorporados. Em contrapartida, vez que Exu e Pombagira não são mais vistos como "ferramentas de guerra" à disposição do praticante, mas como leais companheiros, o propósito desses Espíritos passa a ser o zelo e o aprimoramento pessoal, material e emocional do quimbandeiro. O arquétipo representado por Exu também contribui para a criação desse vínculo: párias de toda natureza, marginais e amorais, a figura de Exu e Pombagira representam a própria natureza humana.

Além disso, enquanto as "7 Linhas Negras" da Quimbanda Nagô se constroem em oposição à Umbanda, demonizando a figura de Exu e verticalizando as relações de comando entre um e outro Espírito cultuado na Quimbanda – mais uma vez subjugando uns aos outros -, a organização dos Espíritos nos 7 Reinos de Quimbanda, que se subdividem em 63 Povos de Exu, surge como uma explicação quase teológica e filosófica para as relações tanto do mundo espiritual quanto da vida em sociedade. Ao invés de imporem relações hierárquicas, os "7 Reinos" da Quimbanda Tradicional se relacionam horizontalmente e estabelecem vínculos simbólicos dentre os diversos pontos de força e elementos da natureza e as nuances da existência humana.

Os Graus Iniciáticos

Ainda que não diretamente equivalentes entre si, tanto na Quimbanda Nagô quanto na Quimbanda Tradicional o desenvolvimento da vida religiosa pode ser resumido em três graus, que marcarão as três principais etapas de aprendizado e prática a serem cumpridas por ele. Na vertente Nagô, os três graus iniciáticos comumente encontrados são:

1. **Apresentação** às Almas / Ancestralidade, uma espécie de pré-iniciação sem relação com os Espíritos do iniciando;

2. **Pacto** com Exu e Pombagira, o vínculo entre praticante e Espírito;

3. **Sacerdócio** / Pacto com Exu Maioral, a titulação sacerdotal e a autorização para a realização de sacrifícios animais através da "*mão de faca*" ou "*axé-de-faca*".

Já na vertente Tradicional, estes três graus são:

1. **Iniciação**, renascimento simbólico e vínculo entre praticante e Espírito;

2. **Aprontamento**, a maioridade religiosa e a autorização para a realização de sacrifícios animais através da "*mão-de-faca*" ou "*axé-de-faca*";

3. **Sacerdócio**, a titulação e autorização de continuidade da religião.

Diferentemente da vertente carioca, na Quimbanda Tradicional há, ainda, um possível passo anterior a esses, chamado "**Cruzamento de Aves**". Como uma espécie de *batismo*, o ritual de *cruzamento* permite ao simpatizante aproximar-se da religião sem comprometer-se com ela. Ele não vincula seu participante, mas o aproxima das energias de Exu e Pombagira para que possa experimentar o que, futuramente, poderá consagrar.

A Iniciação na Quimbanda Tradicional

Enquanto na Quimbanda Nagô o ritual de "Apresentação às Almas" é compreendido como uma etapa anterior à vinculação entre praticante e seus Exus e Pombagiras, mas que pode ser realizado em tempos distintos, um ritual muito semelhante existe na Quimbanda Tradicional, mas que não se separa da iniciação, sendo uma das etapas necessárias ao primeiro grau iniciático dessa tradição. Nesse sentido, ainda que de maneiras ritualísticas um pouco diferentes entre si, ambas as tradições compreendem que, para poder haver vínculo com os Espíritos, é fundamental ao iniciando, antes, honrar e oferendar aqueles que vieram antes dele.

Diferentemente de outras religiões como a Umbanda e o Candomblé, o simpatizante da Quimbanda não precisa esperar por um "chamado" para buscar a iniciação. Ao contrário, essa iniciativa acontece de maneira voluntária, por sua vontade de fortalecer e desenvolver a sua espiritualidade através de Exu e Pombagira e da sua Ancestralidade. É a partir da iniciação, portanto, que começa o processo de aprendizado das práticas e costumes quimbandeiros, os diversos fundamentos de Exu e Pombagira, as rezas de invocação e de trabalho, as diferentes comidas rituais que são preparadas e oferecidas às entidades etc. Como uma criança recém-nascida, o novo iniciado lentamente passará a trilhar sua jornada, aprimorando-se enquanto ser humano ao mesmo tempo em que desenvolve sua fé e espiritualidade, preparando-se e fortalecendo-se cada vez mais para lidar com os desafios do mundo real, agora amparado pelas energias do mundo espiritual e sendo reconhecido como parte delas.

Comumente, o processo de iniciação na Quimbanda Tradicional dura de três a sete dias, durante os quais serão realizados uma série de banhos de ervas e rituais específicos que simbolizarão o renascimento do profano ao Sagrado. Nesse período, porém, diferentemente de outras tradições iniciáticas de matriz africana, não há recolhimento ou isolamento do mundo civil. Ao contrário, é esperado e desejado que o iniciando ande pelas ruas sem restrições, sendo visto pelos Espíritos a cada encruzilhada por onde passe e sendo por eles reconhecido, pois a partir dali, passarão a lhe proteger.

Durante todos os dias de iniciação, porém, o neófito deverá se fazer presente no templo e passará por diversos outros rituais até o ritual de vinculação entre ele e seu Exu e Pombagira:

- **Banhos** de limpeza e proteção espiritual;
- **Sacrifícios** a Eşu, a critério de cada templo e caso nele também se cultuem Orixás;
- **Apresentação às Almas**, em que se oferecem oferendas secas e sacrifícios propiciatórios aos Antepassados e aos Eguns;
- **Mesa dos Reinos**, em que se oferecem comidas rituais específicas a cada um dos Sete Reinos, como uma apresentação simbólica do neófito a todos os Reis e Rainhas da Quimbanda;
- **Cruzamento** de pemba, no qual o corpo do iniciando será marcado ritualisticamente para receber a proteção dos Espíritos;
- Marcação dos **pontos riscados**, as assinaturas mágicas e portais dos Espíritos em iniciação;
- **Sacrifícios** ao Exu e Pombagira do iniciando, quando então são realizados os atos necessários à vinculação entre ele e seu Exu e Pombagira;

- Sacrifícios ao Exu e Pombagira chefes do templo onde são realizados os rituais, que remete à figura simbólica do pai e mãe que acompanham o nascimento do novo filho.

Importante ressaltar que o fenômeno da *incorporação mediúnica*, ainda que frequente e esperada, não é uma exigência à iniciação na Quimbanda. Ao contrário, os atos de vinculação entre os Espíritos e o iniciando não tem qualquer relação com sua manifestação mediúnica e acontecem por outros fundamentos, nos quais a força desses Espíritos é literalmente ingerida ou plantada no corpo do iniciando.

EXISTE INICIAÇÃO SEM ASSENTAMENTO?

Há alguns anos, uma de minhas iniciadas cursava especialização em Ciências da Religião e, durante as discussões do curso, surgiu, então, o assunto "iniciação na Quimbanda". Nessa discussão, ela comentou que, nos rituais de Quimbanda Tradicional, os sacrifícios são comumente feitos sobre uma escultura de gesso ou de barro – representando o Exu e a Pombagira do iniciando - e uma quartinha de barro, que ficará junto das esculturas e deverá manter-se cheia d'água. Os colegas de curso questionaram, então, a validade da sua iniciação, uma vez que ela não possuía o *assentamento* dos seus Espíritos. No dia seguinte ela me procurou, repleta de dúvidas, e perguntou "*afinal, existe iniciação sem assentamento?*", ao que respondi, "*com toda a certeza!*".

Ora, *Iniciação* - como a própria palavra diz - é *o ritual que dá início* a algo, é o que permite ao quimbandeiro *começar* a trilhar uma longa jornada de aprendizado mágico-religioso. O *assentamento dos Espíritos*, por sua vez, é o fim de ciclo, quando os segredos e os "caminhos" do Espírito são revelados em sua totalidade e, assim, num vaso comumente de ferro ou de barro, sejam preparados elementos vegetais, minerais e animais, além de outros ingredientes que, simbolicamente, concentram toda a sua força e magia.

Ora, se o Ritual de Iniciação é o primeiro passo, o (re)nascimento simbólico, e o assentamento do Espírito é o passo final que revela todos os seus segredos, uma coisa naturalmente não está vinculada à outra - ainda que muitas casas as façam no mesmo momento, o que não é costume na Quimbanda Tradicional. Ao contrário, todas as nossas iniciações começam no gesso/barro, assim como miticamente foram criados os corpos de todos os seres vivos. Assim, a *Imagem* representa o "corpo" do Espírito e a quartinha representa o "corpo" do iniciado, onde são feitos os rituais de vinculação entre um e outro.

Somente a partir de então - e através dos rituais anuais em oferenda aos Espíritos, as chamadas *Obrigações* ou *Batismo de Armas* - é que a relação de intimidade e cumplicidade entre os dois passará a existir e a se fortalecer. Assim, os Espíritos vão se dando a conhecer, revelando suas magias e fundamentos individuais, seus segredos e seus *Cruzamentos*. A propósito, são justamente esses *Cruzamentos* que distinguem um Espírito de todos os outros e, aos desvendá-los, indicam ingredientes e artefatos que os representem em suas mais significativas especificidades. Assim, na Quimbanda Tradicional, o assentamento da entidade vai sendo construído ao longo dos anos, desde a Iniciação até o

Aprontamento, o ritual de passagem que define a maioridade do iniciado na religião e que lhe permite o acesso a fundamentos até então restritos a ele.

Infelizmente, porém, o que vem acontecendo já há alguns anos é que existe uma pressa inexplicável de quem se inicia em receber sua faca e seu assentamento, mesmo que não saiba utilizá-la ou que esteja incompleto. Por outro lado, e também infelizmente, há o interesse financeiro de sacerdotes, que cobram altas somas para dar aquilo que lhes pedem. Assim, ou por má fé ou por desconhecimento, montam os assentamentos a partir de receitas genéricas, com poucos ingredientes e de fácil montagem, desprezando a individualidade do Espírito, mas enchendo o bolso dos dirigentes de dinheiro e a corrente de trabalho[9] de médiuns apressados.

OS GRAUS SIMBÓLICOS

Se as etapas fundamentais tanto na Quimbanda Nagô quanto na Quimbanda Tradicional têm semelhanças, a vertente carioca encerra seus passos por ali, enquanto a gaúcha manterá, a partir do sacerdócio, ainda outros ritos de passagem e honrarias a que podemos chamar "graus simbólicos", todos relacionados à liberação de sacrifícios animais de grande porte (em especial, bovinos) ou sacrifícios e permissão de culto a outras forças que não os Espíritos Exu e Pombagira (como as almas de falecidos anônimos, os *Eguns*), ambos rituais inexistentes na vertente Nagô original, mas que têm aparecido em dissidências ilegítimas.

---

[9] O grupo de médiuns participantes de um mesmo templo.

Em linhas gerais, a Quimbanda do Sudeste resume o sacerdócio à construção do assentamento da Entidade e ao recebimento da "*mão-de-faca*" ou "*axé-de-faca*", de uso restrito ao sacrifício de aves e caprinos - um termo e uma prática emprestados do *axogun*[10] de Candomblé, tradição na qual a titulação sacerdotal é que habilita ao sacrifício religioso. Por sua vez, a Quimbanda gaúcha não estabelece essa relação direto entre o sacerdócio e os sacrifícios; ao contrário, durante os anos de aprendizado do iniciado, e como consequência da manutenção do vínculo iniciático, diversos graus vão habilitando-o na prática do sacrifício, desde o mais básico - a Faca de Serviço, restrito ao sacrifício de aves – até o mais honroso, a Faca de Boi, considerado o mais alto grau possível a um quimbandeiro e, portanto, entregue como honraria apenas a poucos sacerdotes da tradição.

Além disso, a Quimbanda Tradicional mantém, entre um e outro grau iniciático, rituais anuais a serem cumpridos por seus iniciados, chamados *Obrigações* ou *Batismo de Armas,* como forma de fortalecer a relação entre praticante e Espírito, uma espécie de renovação dos votos do compromisso em que um zela e trabalha em favor do outro. Assim, podemos definir os *graus simbólicos* da Quimbanda Tradicional da seguinte maneira:

- **Batismo de Armas**, que ocorre tanto antes do sacerdócio quanto após ele, anualmente;
- **Faca de Serviço**, ou "*de Feitiço*", restrita ao sacrifício de aves e que pode ser concedida mesmo antes do *Aprontamento;*

---

[10] Título dado ao responsável pelos sacrifícios animais nessa tradição

- **Faca de Iniciação**, ou *"de Feitura"*, restrita a sacerdotes, e que os habilita à iniciação de novos membros da religião;
- **Faca de Omoté**, ou *"de Buraco"*, um dos maiores fundamentos, restrita a sacerdotes;
- **Faca de Egun**, restrita a sacerdotes que tenham *assentamento de Egun* em seus templos;
- **Faca de Boi**, ou *Axé Real*, que habilita o sacerdote ao sacrifício de bovinos e outros animais de grande porte;
- **Coroação**, que intitula o Espírito do sacerdote como *"Rei"* ou *"Rainha"* da comunidade em que está inserida e/ou da que passará a liderar e lhe confere grande prestígio religioso e social.

Curioso observar que, na vertente Nagô, o quimbandeiro encerra seu ciclo religioso no terceiro grau iniciático, já que até poucos anos não havia aspecto público de sua prática. Por sua vez, na vertente Tradicional, tão importante quanto o simbolismo espiritual que cada um dos Graus Iniciáticos e Simbólicos confere, todos também trazem outro aspecto, relacionado ao prestígio e reconhecimento sociais que o quimbandeiro adquire ao recebê-los, reforçando as dinâmicas públicas da religião. Em ambas as tradições, ao menos entre os praticantes de linhagem legítima, porém, um ponto é pacífico e nos leva a estabelecer mais uma verdade fundamental: as passagens de grau e a titulação sacerdotal são um processo de longa vivência, aprendizado e prática – assim, "sacerdotes" ou "dirigentes" com poucos anos de iniciação ou sem iniciação legitimamente comprovada são nada mais, nada menos, do que charlatões abusando da fé.

Da mesma maneira, a liberação do "*axé-de-faca*" e a construção do assentamento não acontecem no ritual de iniciação e não são dados sem critério, visto que a habilitação ao sacrifício animal em oferenda aos Espíritos exige conhecimentos inerentes à experiência do praticante. Assim, tanto aqueles que transmitem tal artefato aos recém-chegados, quanto os noviços que os buscam como objetivo principal de sua prática são nada mais que jovens irresponsáveis, sem qualquer preparo para desvendarem a Quimbanda. A "faca", a propósito, parece ter perdido seu verdadeiro significado dentre muitos desses novos praticantes, tornando-se coqueluche. Falo por experiência: desde a inauguração do **Reino de Exu 7 Facadas e Pombagira Cigana**, dezenas de pessoas me procuraram como "iniciados", querendo receber suas "Facas de Exu". À imensa maioria delas neguei e, com isso, certamente deixei de ter a casa cheia, mas não fui iniciado nem criado na Lei de Exu assim. Faca pra quê, se não aprenderam a torrar milho e feijão? Faca pra quê, se confundem Povo de Cruzeiro e de Almas? Que tanta pressa em ter, sem ser nem saber fazer? Parece que não aprenderam a lição fundamental: quem apressa a própria vida, adianta a própria morte.

O COMPORTAMENTO DE EXU
NA QUIMBANDA TRADICIONAL

Para além dos fundamentos e da estruturação dos ritos, uma diferença sensível entre as duas vertentes diz respeito a aspectos comportamentais dos Espíritos quando manifestados em terra. Em linhas gerais, se o caráter secreto da Quimbanda Nagô inibiu ou restringiu seus comportamentos, o caráter público da Quimbanda Tradicional permitiu aos Espíritos reafirmarem suas humanidades. Essas diferenças, inclusive, até os dias atuais, ainda causam estranheza e, em certa medida, escandalizam sacerdotes do Sudeste que tomam contato com as práticas do Sul.

No Sudeste - seja por doutrina do Espírito, seja por influência do iniciado no transe mediúnico -, a incorporação costuma acontecer por poucas horas consecutivas e, em alguns casos, apresentando um aspecto animalesco. Nesse período, em geral, os Espíritos têm suas individualidades apagadas, sendo tratados com certo distanciamento e reverência que os impede, muitas vezes, de cumprir tarefas mundanas – mesmo as mais inerentes aos rituais em questão. Da mesma maneira, eles mantêm pouca ou nenhuma interação com os presentes às sessões, exceto aqueles aos quais estiverem prestando consulta, assim como também não é comum que um Espírito incorporado dance ao ritmo dos tambores – o que geralmente é restrito aos não-incorporados e a algumas poucas Pombagiras.

No Sul, por sua vez, é comum que a incorporação de Exu e Pombagira aconteça por longas horas consecutivas e que, aos desavisados, sejam confundidos com pessoas comuns presentes na sessão – não fosse o típico chapéu ou boina que só vestem quando de sua manifestação. Nesse tempo, os Espíritos agem tal qual encarnados e realizam todo o tipo de tarefas, tanto as de cunho religioso quanto as mais triviais como, por exemplo, limpar o chão do espaço onde aconteceram os rituais ou depenar as aves e courear os caprinos oferecidos em sacrifício. Outro aspecto bastante comum – na verdade, até mesmo esperado – é que os Espíritos assumam tanto a condução quanto a réplica às estrofes principais dos cânticos e mantenham-se continuamente em movimento, seja em frente aos tambores ou na roda que dá início aos rituais.

Outras vertentes de Quimbanda

Além da Quimbanda Nagô, com origem no Rio de Janeiro, e da Quimbanda Tradicional, com origem no Rio Grande do Sul, nas últimas décadas, diversas outras vertentes surgiram, especialmente no Sudeste do país. Em sua grande maioria, dissidências de uma ou de outra vertente já citadas, com poucos anos de existência e nenhum registro histórico. Em suma, não passam de meras tentativas de jovens "sacerdotes" de ganhar legitimação ao se afastarem das suas raízes e inventarem suas próprias "linhagens", misturando a Quimbanda com práticas como o Satanismo ou o Luciferianismo (duas tradições completamente diferentes, vale dizer) ou, ainda, criando *avatares* para autopromoção nas redes sociais. Afinal, Exu ainda é sincretizado com o Diabo cristão e, infelizmente, há público para quem se vende como "*mestre mago bruxão malvado das trevas*". Por outro lado, é sabida a existência de outras vertentes, que datam de cerca de 30 a 40 anos, e mantêm templos em atividade até dos dias atuais no Nordeste e no extremo sul do país. Infelizmente, porém, pela falta de registros históricos ou bibliográficos, não é possível traçar suas origens de forma confiável. De toda forma, há de se reconhecer seu mérito e existência, pois suas práticas perduram por décadas.

OS ESPÍRITOS DA QUIMBANDA

Conhecidas as origens, diferenças e semelhanças entre as duas principais vertentes de Quimbanda do Brasil, o que você vai aprender a partir de agora trata das interseções entre essas tradições. Afinal, e no melhor dos sentidos, a modernidade permitiu que sacerdotes legítimos de ambos os lados colaborassem mutuamente entre si, trocando experiências, conhecimentos e fundamentos. Com isso, se desde a sua origem a Quimbanda Nagô possuía a tecnologia dos assentamentos de Exu e Pombagira e fazia uso do **Oráculo de 4 Búzios** como ferramenta de comunicação com os Espíritos, até poucos anos ela ainda não explicava o universo e as dinâmicas subjetivas da vida, atendo-se às "7 Linhas Negras" como organização dessas forças, reafirmando seu caráter puramente maléfico na tentativa de se opor à Umbanda cada vez mais cristã. Felizmente, a estrutura dos 7 Reinos vem sendo amplamente aceita nas linhagens legítimas dessa vertente, por vezes suplantando a prática anterior.

Da mesma maneira, se, desde meados dos anos 1960, a Quimbanda Tradicional já organizava a espiritualidade de modo a explicar as subjetividades da vida profana e fazia questão de abrir suas portas e apresentar-se publicamente, rompendo estigmas e discriminações, até poucos anos atrás, seus assentamentos resumiam-se às imagens de madeira ou gesso, lanças e garfos de ferro e *okutá* – a pedra que representa o Espírito. Se, atualmente, muitos templos constroem *Ngangas* e já fazem uso de oráculos dedicados a Exu e Pombagira, é porque beberam na fonte da vertente carioca e foram influenciados por ela.

A verdade é que, apesar de algumas diferenças conceituais bastante sensíveis, a prática das duas vertentes em muito se aproxima e, talvez, seja possível afirmar que sejam a mesma coisa. Ao menos em certa medida, o fato é que suas origens se complementam e, ao observarmos por esse ângulo, fica mais fácil compreender quem são e como se apresentam os Espíritos da Quimbanda. Em especial, é importante perceber que, por sua ligação com a ancestralidade daqueles que os cultuam, não estão vinculados à dinâmicas de evolução cármica como no Espiritismo, mas sim a algo muito mais direto e profundo: a relação pessoal e individual construída entre eles e seus iniciados.

A propósito, o estabelecimento do vínculo ancestral durante os rituais de iniciação é justamente o que determina que um determinado Espírito em específico incorpore neste ou naquele iniciado e, portanto, sejam assumidos os compromissos e cuidados entre um e outro. Em outras palavras, é como se a iniciação estabelecesse uma relação familiar entre Espírito e iniciado, um resgate e uma cura simbólica dos laços dele com seus antepassados. Com isso, retomam-se algumas premissas da prática africana de culto aos *espíritos familiares e ancestrais divinizados* da comunidade onde estavam inseridos que, acima de tudo, só poderiam ser acessados *a partir da iniciação religiosa* – reforçando, mais uma vez, ressaltando a importância da iniciação na Quimbanda para a efetiva vinculação da Entidade com o médium em questão. Somente a partir desse vínculo o objetivo do Espírito é estabelecido efetivamente e ele passa, então, a zelar e trabalhar pela evolução espiritual, pessoal e material do iniciado, da mesma forma que um pai zela e trabalha por um filho.

Exu Maioral

A principal força da Quimbanda vem justamente confirmar seu caráter subversivo. Exu Maioral, também chamado Exu Mor, resume o equilíbrio do Universo e, por isso, é comumente representado pela imagem de Baphomet – criatura simbólica que surge como ídolo pagão durante os julgamentos da Santa Inquisição. Simultaneamente homem, mulher, ave, réptil e mamífero, com uma mão apontando para cima e outra para baixo, sintetiza em si a vida e a morte, a continuidade do espírito e a busca incessante do encarnado: o que há em cima, há também em baixo – assim na Terra como no Céu.

Diferentemente dos demais Exus e Pombagiras, Exu Maioral não incorpora em nenhuma pessoa, sob qualquer hipótese. Isso porque Exu Maioral não é um espírito, não teve vida encarnada e, portanto, não está sujeito ao fenômeno da incorporação.

A própria iconografia de Exu Maioral nos mostra isso. Enquanto os Exus e Pombagiras são representados em esculturas e imagens de figuras humanas, mesmo que a imagem de Baphomet seja usada como forma de representar os significados mágicos e filosóficos de Exu Maioral, ele não tem forma definida: é tudo e nada ao mesmo tempo. É como se Exu Maioral fosse um grande ponto de força de onde tudo e todos se originam e pelo que tudo e todos seremos consumidos no fim dos tempos. Assim, ao observarmos os simbolismos da figura tradicional de Baphomet podemos compreender a associação entre eles.

Sobre o globo terrestre, nele se apoia com dois cascos de boi, relacionados ao elemento terra, à força que viabiliza o trabalho bruto e que gera riquezas, ao mesmo tempo em que diz *"eu sou tudo o que existe"*, demonstrando a materialidade da vida e, por que não, seu domínio mágico mais imediato. Sentado sobre a Terra e, assim, dominando os aspectos materiais da existência, as escamas sobre a barriga representam o elemento água - ligado à geração da vida, ao ventre, aos fluidos sexuais – e o protegem como uma armadura. Ao mesmo tempo, suportam o peso do *Caduceu de Hermes*, o falo a partir do qual Maioral fecunda a si mesmo e que é entrelaçado por uma serpente branca e outra negra: o *Ouroboros* do infinito demonstrando a complementariedade e a continuidade da vida ao encontrar a morte. É só quando o *Caduceu* – potência fecundadora - ultrapassa o arco do universo – um útero simbólico – que se pode chegar aos seios que nutrem toda a vida. As asas, uma alusão ao elemento ar, representam a fluidez do movimento e o domínio sobre os aspectos mentais do ser humano, a possibilidade transpor os espaços e barreiras para transcender as amarras que nos fazem escravos do mundo real. A cabeça de bode retoma, ainda, a bestialidade e os instintos animais de todos os seres, ao passo que nos remete ao conceito do pecado, pago em sangue pelo bode expiatório do Povo de Israel. Curiosamente, é do mesmo pecado que surge o archote de fogo, a luz da sabedoria que coroa a ascensão da existência. Daí, inclusive, podemos pensar no gosto de Exu e Pombagira pelos prazeres da vida e inferir que, diferentemente das tradições cristãs, não é ao extinguir os pecados que se chega à iluminação, mas, ao contrário, *através deles*. Ainda assim, à esquerda, o braço masculino tatuado *"Coagula"* reforça o caráter material – ou, melhor dizendo, materialista – da vida na Terra, imersa na escuridão da noite, onde a Lua crescente timidamente brilha; por sua vez, à direita, o braço feminino tatuado *"Solve"* aponta para cima, onde brilha o Sol, estabelecendo o equilíbrio fundamental da existência: não há crescimento ou desenvolvimento, não se atinge a iluminação nem a sabedoria universal sem antes estarmos materialmente estabelecidos. No sentido contrário, por sua vez, se nos rendermos à materialidade sem a dominar, nos tornaremos escravos de nós mesmos e nunca seremos capazes de alçar voo para alcançar a luz da sabedoria.

Infelizmente, porém, a mesma imagem de Baphomet foi amplamente associada ao diabo cristão desde a Idade Média. Com isso, pode parecer inevitável a associação da Quimbanda com a demonologia – tanto por aqueles que buscam condenar suas práticas, quanto por aqueles que buscam legitimar a mistura que fazem ao tentar juntar elementos de tradições europeias com a Quimbanda genuinamente brasileira. Repetem, seja por ingenuidade, seja por malícia, o erro crasso do sincretismo: por mais semelhantes que duas energias se pareçam, elas não são as mesmas. A dupla-pertença – ou seja, professar duas (ou mais) religiões ou tradições espirituais simultaneamente -, é algo tipicamente brasileiro e legítimo. Por isso, é preciso reconhecer como leviano e incorreto afirmar que a Quimbanda tenha recebido influências apenas das práticas africanas. Ainda assim, confundir o fato de a Quimbanda ter, obviamente, sido influenciada pelas práticas europeias – da mesma maneira que, obviamente, foi influenciada pelas práticas indígenas – não justifica o injustificável. Por mais consistentes que pareçam algumas pesquisas comparando ritos africanos, afro-brasileiros e europeus, há de se manter a honestidade e declará-los o que são: comparações. Como diz o ditado, "papel aceita tudo" e quem desejar enxergar paralelismo e similaridades entre filosofias e práticas tão distantes entre si certamente as encontrará. Desavisado ou desonesto, a fim de validar o que pratica por arbitrariedade e não por tradição, concluirá e convencerá a si e aos outros de que estão relacionadas.

Ora, o misticismo, a espiritualidade e o desejo dos homens de controlarem a natureza através de rituais mágicos não é exclusividade nem da África, nem do Brasil. Por isso, é mais do que óbvio que ao buscar semelhanças entre arquétipos e iconografias sobre a fé de diversas culturas, especialmente aquelas que aportaram no Brasil durante o seu período colonial, certamente as encontrará. Ainda assim, usar do imaginário popular acerca dos "demônios" para afirmar a relação dos Espíritos da Quimbanda com o Diabo, denominar a Quimbanda como "Satanismo Brasileiro" ou misturar seus rituais com elementos externos como a invocação de *daemons* da Goécia ou da Magia Cerimonial Salomônica - na tentativa de fundamentar práticas que até então não se encontravam em qualquer uma das vertentes originais de Quimbanda -, é desonesto. Mais que isso, é uma descarada tentativa de rechaçar sua raiz, embranquecer a *magia negra brasileira,* invisibilizando suas origens e perpetuando o racismo engendrado na sociedade desde o Brasil Colônia.

Exu e Pombagira

Se Exu Maioral é macho e fêmea simultaneamente, é dele que os aspectos complementares da existência vão se separar e materializar como vida na Terra para, então, se tornarem Espíritos. É somente pela condição de Espíritos, portanto, que estarão sujeitos ao fenômeno da incorporação mediúnica. Assim, Exu e Pombagira são as duas faces de uma mesma moeda: os polos masculino e feminino da espiritualidade, que se casam e se completam trazendo o equilíbrio a quem os cultua.

Em qualquer que seja a tradição espiritual afro-brasileira, eles são as entidades espirituais mais conhecidas e mais controversas de todas, especialmente por sua proximidade com os seres humanos e por seu caráter marginal: enquanto os demais espíritos cultuados são sempre mantidos a certa distância, que os deifica e sacraliza, Exu e Pombagira são vistos como próximos e íntimos do ser humano, sendo muitas vezes chamados carinhosamente como "Compadre" e "Comadre". É exatamente essa proximidade com os seres humanos - e as origens da Quimbanda no culto a espíritos ancestrais afro-brasileiros - que justifica sua marginalidade, a vida à margem da "sociedade de bem".

À despeito da literatura umbandista atual, que romanceia e fantasia histórias de lordes, condes, marquesas e damas refinadas da sociedade que, ao morrerem, buscam a redenção dos seus pecados através da prática da caridade espiritual, a verdade é que somente deste lugar, de quem sofreu e venceu apesar de todas as condições impostas pela precariedade e pela sociedade, é que esses Espíritos são capazes de compreender as dores que vivemos e as angústias que sentimos. É por terem ido, visto e vencido o "inferno" que podem, com sabedoria e experiência, nos aconselhar e nos guiar a não trilhar caminhos tortuosos.

Ciganos e a Linha do Oriente

Assim como seus principais representantes, Exu e Pombagira, têm origem na marginalidade, com o passar dos anos, a Quimbanda naturalmente absorveu outros Espíritos em suas práticas – todos, porém, marginalizados. Com isso, a partir de meados dos anos 1970, começam a surgir práticas paralelas voltadas à chamada "Linha do Oriente", que tanto na Umbanda quanto na Quimbanda encontrou guarida. Ainda que a expressão "Povo Cigano" seja comumente usada para definir essa linha de trabalho, tão comum quanto encontrarmos, dentre estes Espíritos, legítimos ciganos de sangue *Calón*, *Calderash*, *Romaní* e outros, é também se apresentarem Espíritos de outras etnias e práticas espirituais, como egípcios, indianos, árabes, marroquinos, turcos, libaneses, gregos e até mesmo muçulmanos.

Com forte ligação às tradições místicas e esotéricas do Oriente – daí seu nome -, suas magias estão relacionadas aos quatro elementos da natureza, às fases da lua e às estações do ano, ainda que variem sensivelmente entre si em função da origem étnica de cada Espírito. Fato é que o trabalho com a Linha do Oriente se estabeleceu como uma prática paralela nos templos que a absorveram, já que, diferentemente dos Exus, a grande maioria desses Espíritos não aceita sacrifícios de sangue.

Da mesma maneira, uma vez que a Quimbanda se coloca como uma tradição de vínculo à ancestralidade de seu praticante, a presença desses Espíritos acontece com menor frequência, já que o vínculo se estabelece a partir da sua ascendência genealógica e pela primazia de iniciação aos Espíritos Exu e Pombagira.

Entretanto, e infelizmente, pela falta de conhecimento de muitos sacerdotes sobre os fundamentos dessas linhas de trabalho, pela popularização da chamada "incorporação consciente" – que, quando não bem desenvolvida, impede que o Espírito verdadeiramente se apresente e dá margem à autossugestão do praticante - e pelo esvaziamento cultural que vem transformando a Linha do Oriente em mera alegoria ao replicar o imaginário popular sobre os grupos ciganos que chegaram ao Brasil, o trabalho com esta linha tem desaparecido das Quimbandas.

Há, porém, que se compreender um aspecto fundamental para a diferenciação entre o que chamamos "Linha do Oriente" e os Exus e Pombagiras Ciganos, ligados ao "Povo do Oriente", subdivisão do Reino da Lira, que conheceremos mais adiante. Enquanto na Linha do Oriente se encontram os Espíritos que têm descendência direta da etnia à qual dizem pertencer e, portanto, trarão consigo costumes e magias que podem parecer estranhas a quem não conhece suas origens, os Espíritos que não são descendentes diretos, mas que em vida tiveram contato com essas práticas, ainda assim serão Exus ou Pombagiras e se organizarão dentro dos Reinos da Quimbanda. Assim, ainda que possam parecer iguais, um Espírito que, durante seus rituais de iniciação e consagração se apresente como "Cigana do Pandeiro", por exemplo, é diferente de um Espírito que se apresenta como "Pombagira Cigana do Pandeiro". Em termos mágicos e espirituais, especialmente para a condução dos rituais de iniciação, essa sutileza fará toda a diferença e é um desafio constante identificá-la corretamente, mesmo ao sacerdote mais experiente.

Malandros

Da mesma maneira como a Linha do Oriente não estava na formação original da Quimbanda, mas foi absorvida, os Espíritos da "Malandragem" também têm origem em outras práticas afro-brasileiras, como o Catimbó e a Jurema do Nordeste. Entretanto, a Linha dos Malandros não se configurou como uma prática paralela, mas se integrou completamente e esses Espíritos são cultuados da mesma maneira que os Exus e Pombagiras. Essa versatilidade, afinal, é uma das suas características típicas, apresentando com excelência a natureza boêmia e marginal de Exu. Ainda assim, mesmo vindo a se tornar um Povo de Exu no Reino da Lira, a Malandragem é o único que possui subdivisões:

1. Malandros do Morro;
2. Malandros da Lapa;
3. Malandros do Samba;
4. Malandros da Capoeira;
5. Malandros Valentes;
6. Malandros da Praça;
7. Malandros do Cais.

Párias de toda sorte, com personalidade forte e marcada pela lealdade contumaz das gangues de rua, os Espíritos da Malandragem trazem consigo a predileção pelo samba ou pela música tradicional dos campos e sertões; pela cachaça com farofa de Exu, mas também pela cerveja e os petiscos dos botecos. Mesmo acostumados aos trabalhos braçais dos cais do porto e aos perigos das ruas dos grandes centros urbanos, trocam qualquer esforço pela diletância, sendo afeiçoados especialmente à jogatina e pequenas trapaças. Carismáticos e comunicativos, mas de temperamento instável típico de quem se ofende fácil e não leva desaforo pra casa, vivem para demonstrar valentia aos homens e paixão às mulheres, ensinam um senso de honra e justiça próprios, a partir do qual a palavra dada tem mais valor do que qualquer dinheiro.

A integração da Malandragem, porém, não aconteceu somente na Quimbanda. Desde décadas atrás já era possível encontrar templos que praticavam a chamada Umbanda Traçada ou Cruzada, uma espécie de mistura entre a Umbanda tradicional e as práticas de sacrifício animal, com aspectos das religiões dos Orixás – e que realizavam sessões a esses Espíritos, onde são classificados como pertencentes tanto "à Direita" quanto "à Esquerda", ou seja, atuando tanto para o bem e a caridade, quanto em prol dos desejos mais individualistas. Da mesma maneira, assim como a Umbanda e a Quimbanda absorveram ritos de outras práticas espirituais do Brasil, estas também o fizeram desde meados do Século XX e a presença dos Caboclos e Pretos Velhos, Exus e Pombagiras pode ser percebida de Norte a Sul do Brasil, independentemente do nome que se dê à religião em questão.

Pretos Velhos e Caboclos Quimbandeiros

Sendo a Quimbanda uma tradição afro-religiosa com origens históricas na Umbanda, mas com influência de práticas de culto aos espíritos anteriores a ela, é mais do que natural que o trabalho com os Espíritos de Caboclos – indígenas das diversas tribos que compunham e compõe até os dias atuais os Povos Originários do Brasil e seus descendentes - e de Pretos Velhos – negros africanos e afro-brasileiros escravizados e seus descendentes, sejam eles miscigenados ou não - se apresente nessa tradição.

Entretanto, da mesma maneira que a sociedade dos idos de 1930-1950 separou essas práticas e higienizou a Umbanda para atender às demandas sociais da burguesia, o mesmo aconteceu com os Espíritos que a formavam. Assim, enquanto os Espíritos que em vida tiveram ligações com a manutenção das famílias, com a lida do trabalho diário nas fazendas e quilombos, e comumente convertidos ao cristianismo estabeleceram seu trabalho na Umbanda, os Espíritos que mantiveram relações com as práticas mágico-espirituais de seus povos de origem acabaram encontrando lugar nas práticas quimbandeiras.

Assim, ainda que se apresentem com o nome de suas linhas de trabalho, esses Espíritos não constituem práticas paralelas. Ao contrário, é pela contribuição dos Caboclos Quimbandeiros sobre as medicinas da floresta e do uso espiritual e medicinal das folhas, raízes e sementes como remédio e veneno, por exemplo, que se formará o Reino das Matas, onde esses Espíritos se organizarão. Da mesma forma, além da óbvia contribuição dos ancestrais negros à formação da Quimbanda como um todo, é a partir dos seus conhecimentos sobre a feitiçaria, da invocação de espíritos e das práticas relacionadas diretamente à lida com os mortos – ao que podemos chamar necromancia africana -, que se estabelecerão as bases para o Culto de Egun. É também através da relação de feiticeiros negros com as tradições de magia dos Séculos XVII a XIX – especialmente as da Península Ibérica -, que surgirá, na Quimbanda, os cultos às Bruxas de Évora, Pandilhas (com N, diferentes das famosas Padilhas) e Colondinas.

Eguns e Kiumbas

Explicar o conceito de Egun em qualquer tradição sem incorrer em conceitos rasos é das tarefas mais complicadas, talvez quase impossível. Isso porque, primeiro, a própria palavra *Egun* – emprestada do idioma iorubá – tem diversas interpretações, a depender da sua grafia original, na qual a extensão das vogais altera o significado literal da palavra. Ainda assim, em termos gerais, todas essas variações se referem às almas dos falecidos, aos ossos de um defunto, a um espírito e, portanto, a um morto.

Segundo, é preciso contextualizar esses "mortos" aos quais nos referimos, afinal, os Espíritos da Quimbanda também são mortos e, numa interpretação desavisada ou descontextualizada, poderiam ser simplesmente chamados de *egun* – e esse não é o caso!

Há, ainda, aqueles mortos que não são Exus ou Pombagiras, mas que também não cabem na classificação de "Egun" como o uso deste termo na Quimbanda comumente se propõe a definir. Esse é o caso de falecidos que, em vida, receberam honrarias ou construíram tamanho legado que, depois de mortos, assumem um aspecto social e político que lhes transforma, por falta de melhor definição, em avatares míticos de sua própria memória. Estes são louvados como "As Almas", os "Os Antepassados / Os Ancestrais", outro conceito um tanto complexo de definir. Também é o caso, por exemplo, dos *Babá Egun* cultuados no Candomblé, na Religião Tradicional Iorubá e nos Cultos Lese Egun da Ilha de Itaparica, na Bahia, e seus descendentes.

Via de regra, familiares, amigos ou pessoas a quem conhecemos e vieram a falecer poderiam, sim, ser classificados como *Egun* na concepção da Quimbanda. Entretanto, aí, o paradoxo que surge em função dos laços e memórias afetivas sobre o falecido colocaria esses espíritos no mesmo conjunto d'As Almas, onde se encaixam os falecidos honoráveis. Talvez essa seja, afinal, a chave para compreendermos essa palavra: os Eguns são as almas esquecidas, aquelas a quem o praticante não conhece e por quem não nutre afetos. Em especial, as almas de falecidos esquecidos e abandonados também por aqueles que o conheciam quando em vida. Mais do que isso, o significado, aqui, se relaciona ao conceito de "almas sem luz", também chamados *Kiumbas* em algumas tradições mais ligadas aos conceitos e nomenclaturas usadas pelo Espiritismo ou, ainda, *Exu Pagão*, como definido na literatura umbandista de meados dos anos 1940-1950.

De forma geral, poderíamos classificar os Eguns como *espíritos inferiores,* almas que se mantém apegadas ao mundo dos vivos, dadas a vícios de toda sorte, que teriam ficado vagando sem direcionamento para qualquer universo pós-morte (tais como Céu, Inferno ou Purgatório), que se propõem a qualquer tipo de ação mágica – com predileção às danosas e violentas -, e que não obedecem a nenhuma lei ou doutrina espiritual. Ainda assim, vez que esses Eguns não se regulam por qualquer hierarquia espiritual e, portanto, têm menos poder de ação mágica do que os Exus e Pombagiras, por exemplo, acredita-se que possam ser dominados e comandados à base de troca ou barganha.

Nesse sentido, o trabalho da Quimbanda com os Eguns estabelece uma relação de poder na qual *"manda quem pode, obedece quem tem juízo"*, colocando estes espíritos na posição de assistentes para a ação mágico-espirituais de feitiços. Exatamente por isso, tal qual armas, ao mesmo tempo em que os Eguns invocados se prestam tanto ao ataque quanto à defesa, podem, ainda, ferir aquele que os manipula. Mais do que isso: se manipulados sem os devidos fundamentos, esses espíritos podem acabar "tomando conta" do templo ou da vida de quem os invoca, no sentido de assumirem a liderança nas suas práticas e de inverterem a cadeia de comando Exu – Egun, normalizando as vibrações negativas e danosas a que se propõem. Ainda assim, quando bem fundamentados, os Eguns podem servir como "vigilantes" direcionados à segurança física e espiritual dos templos. O que definirá essa dinâmica será a maturidade de quem realiza seus rituais – diretamente relacionada ao conhecimento, experiência e prática da Quimbanda -, o profundo conhecimento dos segredos dessa prática, bem como a fortaleza simbólica garantida pela relação que se estabelece entre o iniciado e o Exu ou a Pombagira ao qual foi iniciado, vez que são esses Espíritos quem efetivamente exercerão comando sobre o Egun com que se trabalha.

Ainda que, a princípio, o termo Egun se aplique aos espíritos sem diferenciação de gênero, tanto a utilização do termo, quanto os animais oferecidos em sacrifício a eles, costumam ser do sexo masculino. Da mesma maneira, visto que mesmo sem o caráter deificado de Exu e Pombagira, os Eguns são espíritos, eles também estão sujeitos ao fenômeno da incorporação. Essa, porém, não é uma prática comumente encontrada atualmente, salvo raras exceções em templos de Quimbanda ou, ainda, em vertentes dissidentes que dedicam parte considerável das suas práticas a esse culto e assumiram outras denominações, como as chamadas *Cotimbó*[11] e a *Legião de Mussifin*.

Bruxas de Évora, Pandilhas e Colondinas

Se, no Culto de Egun, os espíritos usualmente perderão sua identidade mundana e serão genericamente tratados como serventes do gênero masculino, com o passar dos anos, alguns espíritos do gênero feminino sem classificação direta dentro das

---

[11] Não confundir com *Catimbó*, tradição do Nordeste brasileiro.

linhas de trabalho da Quimbanda ganharam destaque. Esse é o caso, por exemplo, das chamadas *Bruxas de Évora* e *Pandilhas*, exímias feiticeiras e curandeiras que surgem a partir dos intercâmbios com as práticas populares vindas de Portugal e da Espanha. Da mesma maneira, ainda que impossível traçar sua origem no tempo, em alguns estados do Brasil, surge a figura da *Colondina*, espírito especialmente relacionado às festas populares das camadas mais pobres.

Essas três categorias de Espíritos tiveram suas práticas absorvidas naturalmente e, muitas vezes, confundidas com as tradicionalmente dadas às Pombagiras. Resumir seus fundamentos e práticas dessa maneira, porém, acaba por desconsiderar suas individualidades mágico-espirituais e a contribuição da sabedoria desses Espíritos à Quimbanda. Ainda assim, é correto afirmar que esses Espíritos sejam uma espécie de "egun feminino" que acabou ganhando notoriedade por suas habilidades de feitiçaria e, com isso, na maioria dos templos de Quimbanda que as cultua, estão sempre vinculadas e, por que não dizer, subordinadas, ao comando de uma Pombagira. Da mesma maneira, ainda que excepcionalmente possam manifestar-se em praticantes do sexo masculino, o comum é que a sua aparição aconteça unicamente através de praticantes mulheres cis ou transgênero.

De culto complexo, tal qual os Eguns, elas têm relação íntima com as magias negativas, de dano e de ataque/defesa, assim como com os feitiços de dominação e amarração amorosa e relacionados diretamente à sensualidade e à sexualidade. Também como os Eguns, quando não manipuladas da maneira correta, podem inverter a cadeia de comando Pombagira - Évora/Pandilha/Colondina e, assim, "tomar conta" do templo ou do indivíduo que as invoca.

A primeira – e talvez única – menção à *Bruxa de Évora* na literatura anterior à década de 1950, por exemplo, é encontrada nas diversas versões do "Livro de São Cipriano", famoso compêndio de rituais e feitiços publicado pela primeira vez no Século XVII e atribuídos a São Cipriano de Antioquia.

De acordo com as lendas, Cipriano teria sido um feiticeiro de origem árabe nascido em meados do Séculos III da era atual, que dedicou sua vida ao estudo do ocultismo e às diversas práticas diabólicas, e que se converteu ao cristianismo em função de seu casamento com Justina, a Virgem – que se tornaria Santa Justina de Antioquia -, frustrado com o insucesso de seus feitiços para dominá-la, que não obtiveram sucesso tamanha a fé e devoção de Justina ao Senhor. Antes da sua conversão, teria sido a própria Bruxa de Évora quem primeiro lhe ensinou as práticas de adoração e pacto com o Diabo. Se as lendas são verdade ou não, ninguém poderá provar. Fato é que a figura de São Cipriano como ícone das práticas de feitiços negativos e demonolatria adentrou os séculos e as superstições sobre o seu nome e os seus escritos serviram de base para a formação de inúmeras crendices e práticas de magia popular na Península Ibérica. Nada mais natural, portanto, que as práticas de feitiçaria brasileira também tenham recebido sua influência e, não por acaso, a "Linha das Almas" ou "Linha dos Santos", uma das "7 Linhas Negras" definidas por Leal de Souza, em 1933, era chefiada por ele. Mais antigo do que isso, o Livro de São Cipriano já era citado em 1904 por João do Rio, em sua pesquisa na capital carioca do final do Século XIX. Porém, na contramão de um movimento que tenta justificar a Quimbanda com origens anteriores à Umbanda, ainda que a influência do Livro de São Cipriano nas práticas populares dos Séculos XVII e XVIII seja inegável, é importante lembrar que, à época de João do Rio, a palavra "*quimbanda*" ainda não fora utilizada e nem mesmo aparece em seus registros; o que existia, sim, eram as "Macumbas Cariocas", mistura de elementos diversos sem organização religiosa ou sucessão iniciática, como já vimos.

É também no "Livro de São Cipriano" que surge a figura de "*Maria Pandilha e sua família*", ou "*Maria Pandilha e sua quadrilha*", e suas atribuições de domínio e amarração amorosa, como no famoso "*Feitiço que se faz com o morcego para se fazer amar*". Entretanto, o livro não dá maiores explicações sobre esta mulher além da que ela seria uma *alma condenada,* o que reforça a sua definição como "egun feminino" e, menos ainda, obviamente, menções à palavra *pombagira*. Ainda assim, é curioso que a figura da Pombagira Maria Padilha tenha ganhado notoriedade como especialista em feitiços amorosos, o que pode, mais uma vez, indicar a influência tanto da feitiçaria popular ibérica quanto, especialmente, dos escritos atribuídos a São Cipriano na formação do que viria a se chamar Quimbanda.

Aqui, entretanto, cabem duas observações bastante significativas. A primeira delas diz respeito ao imaginário popular da Umbanda e da Quimbanda, que associa a Pombagira Maria Padilha à personagem histórica Maria Padilla de Castela (1334-1361), amante do Rei Pedro I (1334-1369), que o teria enfeitiçado e, por consequência, casado com ele às escondidas. Ora, se é verdade que a Pombagira Maria Padilha tem origem na Padilla de Castela ou, ainda, que o imaginário e folclore popular sobre ela dão embasamento à formação da "falange de Padilhas", então sua origem está no Século XIV. Ao mesmo tempo, se é verdade que o Livro de São Cipriano contribuiu na formação das práticas brasileiras que viriam a embasar a Quimbanda décadas depois e a autoria desses escritos é realmente dele, então seu conteúdo data do Século III e, com isso, a relação entre o Livro de São Cipriano e as Pombagiras se contradiz em si mesma, afinal, há entre elas um aspecto cronológico, uma janela de quase 1.000 anos de diferença. Por outro lado, ao contrário, se os escritos do "Livro de São Cipriano" não são de sua autoria, mas têm origem em *grimórios* dos Séculos XVI ao XIX misturados a diversos outros escritos sobre práticas com profunda influência das superstições ligadas ao catolicismo popular da época, portanto influenciadas por resquícios da Santa Inquisição - como a grande maioria dos seus estudiosos afirma e aceita -, os que insistem defender que a Padilha quimbandeira seja a Pandilha cipriânica deveriam trazer a verdade completa à tona, não apenas as partes que lhes interessa: mesmo parte dos textos tendo origem em escritos de magia, já no Século XVI o conteúdo do Livro de São Cipriano havia sofrido inúmeras alterações sem origem definida, configurando como uma mistura de folclores, costumes de tradição oral e práticas desconexas entre si, sendo ainda fomentado pela Igreja para reforçar a demonização das práticas mágico-espirituais da época e fortalecer a "rendição ao Senhor" como caminho de libertação.

O segundo ponto a observar diz respeito à grafia de uma e outra personagem. A Egun Pandilha – *alma condenada* - é grafada com N na primeira sílaba, anasalada, PAN-; por sua vez, Maria Padilha, a *Pombagira*, é grafada com LH na última sílaba, -LHA. Este poderia parecer apenas um erro de grafia ou, ainda, de transliteração entre o idioma de Portugal e do Brasil, não fosse o fato de, no Rio Grande do Sul dos anos 1970 e sem qualquer relação com a Quimbanda Tradicional anunciada por Mãe Ieda, um espírito feminino de nome Pandilha (com N), se apresentasse e passasse a receber culto de íntima relação com os Eguns.

Os que presenciaram as primeiras incorporações desse Espírito contam que, por mais tranquila e festiva que a sessão estivesse, quando de sua chegada, a vibração do ambiente mudava drasticamente, sentia-se um peso no ar, e fenômenos como gritos ouvidos no vento e lâmpadas explodindo podiam ser observados quando esse Espírito passava dos fundos dos templos até o salão principal. Tal espírito, por sua vez, estabeleceu que não se tratava de uma Pombagira e, até os dias atuais, em muitos dos templos que a cultuam, costuma receber o sacrifício de gatos domésticos.

Eis aí, talvez, uma indicação mais assertiva da influência de São Cipriano nas práticas quimbandeiras: quer ele tenha recebido seus ensinamentos da Bruxa de Évora ou não, a *alma condenada* Maria Pandilha já era conhecida quando de sua publicação e muitos dos feitiços em seu livro, bem como os rituais de pactuação com as "forças infernais" com o gato como elemento de sacrifício. Não me parece à toa que este se torne, afinal, o animal oferecido às Pandilhas que reaparecem na Quimbanda.

Tal qual Pandilha, outro espírito feminino de culto discreto aparece, ainda, em templos do Sudeste e, especialmente, do Nordeste do Brasil: *Colondina*, a madrinha das prostitutas, excelente cozinheira que tinha predileção pelas festas populares, especialmente o Carnaval. De culto pouco difundido, dizem que Colondina fora iniciada no Candomblé e dedicada à Orixá Oyá/Iansã, a divindade africana ligada ao mercado, às trocas simbólicas e às paixões. Talvez por isso as histórias sobre Colondina a coloquem como madrinha das prostitutas, contando ainda que muitas dessas mulheres possuíam assentamentos desse Espírito em seus quartos ou bordéis. Fato é que, diferentemente das Bruxas de Évora e Pandilhas, a origem de Colondina é genuinamente brasileira e, ainda que atualmente alguns templos a nomeiem Pombagira, é sabido entre seus adeptos que ela faz parte de uma outra classificação de Espíritos. Curioso, ainda, que nos poucos relatos de culto a esse Espírito a imagem comumente usada em sua representação seja, assim como nos cultos da Egun Pandilha, a mesma imagem tradicionalmente usada para representar a Pombagira Maria Padilha das Almas. O sufixo "das Almas", nos dá, mais uma vez, indicação do seu pertencimento e classificação espiritual.

Independentemente de seus nomes ou origens, um aspecto em especial chama a atenção no culto a estas Egun-Espírito. Em todos os relatos de pessoas que têm ou tiveram contato com elas, é ponto pacífico que, em suas primeiras aparições, costumam provocar fenômenos físicos para provar sua existência, assim como costumam "responder" muito rapidamente, trazendo ganhos e conquistas de grande monta e em curto espaço de tempo a seus adoradores, muitas vezes sem que as tivessem requisitado e sem exigir em retorno sacrifícios ou oferendas proporcionais. Conforme ganham sua confiança, porém, passam a exigir pagas cada vez maiores e mais complexas. Quando não atendidas, ou deixam de trazer os resultados desejados ao mesmo tempo em que fazem seu praticante perder tudo aquilo que lhe deram e ainda mais – o que lhe deixa tentado a atender o que lhe foi pedido para continuar recebendo suas "bençãos" -, ou revoltam-se e o atacam, como se cobrassem uma dívida simbólica pelo que deram sem que lhes fosse pedido.

Mais uma vez, portanto, para que tais Espíritos possam ser acessados e cultuados, mostra-se fundamental a maturidade espiritual e emocional dos praticantes, que não necessariamente está vinculada à titulação sacerdotal – especialmente dos "sacerdotes" de poucos anos de iniciação. Da mesma maneira, antes de experimentar o trato com tais energias é preciso conhecer seus segredos e fundamentos para além do que a rasa literatura sobre o tema nos oferece. O culto às Évoras, Pandilhas e Colondinas é tão importante e válido à Quimbanda quanto o das Pombagiras; ainda assim, vez que foram absorvidas por ela, mas têm origem em outras tradições nas quais o quimbandeiro comumente não foi sido iniciado, devem ser tratadas com extremo respeito e, acima de tudo, cuidado.

Alguns ingênuos podem perguntar: mas o Exu/Pombagira da pessoa não o protegeria ou avisaria desses perigos? E a resposta é simples e objetiva: não! Afinal, assumir a responsabilidade sobre nossas escolhas e suas consequências é a maior lição que a Quimbanda nos propõe. A Quimbanda é, definitivamente, uma religião que nos incentiva e impulsiona a buscar e a conquistar os nossos desejos e objetivos, desde os mais subjetivos até os mais materialistas. Entretanto, é justamente ao colocar o mundo ao nosso dispor que Exu, simultaneamente, nos põe no meio da encruzilhada simbólica da vida e nos provoca, dizendo: "*quer? Eu te dou! Assuma as consequências e logre os resultados*".

Os Reinos da Quimbanda

A partir de agora, o que vamos desvendar vai mudar a sua maneira de perceber a atuação de Exu e Pombagira tanto na magia, quanto na vida do dia a dia. Em todas as esquinas, em cada rua ou avenida... Nas matas mais escuras ou nas planícies e campinas... Nos hospitais e nos velórios, mas também nos bares, lojas e mercados... Nas ondas revoltas do mar e nas calmas margens dos rios... Em todos os lugares da natureza ou das cidades, ali também estão eles.

A propósito, nunca mais se deixe enganar por aqueles que insistem em simplesmente relacionar esses Espíritos com arquétipos diabólicos dedicados à maldade e às "forças das trevas". Ou, ainda, por discursos inflamados que colocam os Espíritos da Quimbanda como parte de exércitos astrais, como se eles e nós vivêssemos em guerra com o mundo. Ao mesmo tempo, é preciso ser sincero: se é mentira que Exu é o Diabo, também é mentira que seja Anjo ou Santo, ou que esteja buscando se redimir de qualquer coisa praticando o bem indistintamente.

A verdade é que Exu e Pombagira são o todo e estão em tudo. São a luz e a escuridão, o remédio e o veneno, o riso e a dor, simultaneamente. Com gostos, humores, vontades e caprichos, Exu e Pombagira são tão humanos quanto cada um de nós e, com isso, naturalmente poderão atuar tanto para fazer crescer e conquistar, quanto para derrubar e destruir. Exu e Pombagira são, acima de tudo, as potências do movimento que, sabendo não haver ordem sem que antes se estabeleça o caos, extrapolam os limites do racional para trazer o equilíbrio necessário à vida daqueles que os cultuam.

É a partir das experiências que viveram quando estiveram encarnados, das conquistas e dos desafios que enfrentaram, de seus conhecimentos e atrevimentos de outrora, que eles nos aconselharão e guiarão na lida do dia a dia. É por suas habilidades espirituais e pelas energias relacionadas a elas que, através da magia, poderão influenciar e modificar as situações que vivemos na Terra, seja para atrair aquilo e aqueles que desejamos, seja para afastá-los. É ao assumir sua individualidade, antes e depois da morte, que Exu e Pombagira se organizarão espiritualmente no que chamamos "Reinos da Quimbanda".

Curioso perceber, aqui, que a palavra "Reinos" tem diferentes significados, todos muito bem aplicados. Uma vez que esses Espíritos estão em todos os lugares, poderão ser encontrados e identificados nos diversos reinos da natureza: animal, vegetal e mineral. Isso significa que, para cada Reino da Quimbanda, teremos diferentes tipos de bebidas, comidas, animais, ervas, plantas, pedras e cristais relacionados ao tipo de magia que executam e às forças da natureza que comandam. Da mesma maneira, uma vez que são seres humanos (ainda que desencarnados), conhecem e podem acessar e atuar nos três "reinos" que formam nossa existência: físico, mental/emocional e espiritual.

Isso significa que, através dos feitiços e oferendas realizados, Exu e Pombagira podem interferir nos acontecimentos do mundo físico e espiritual, bem como nas vidas das pessoas, em todos os aspectos da realidade, objetivos ou subjetivos. Além do mais, se, até a primeira metade do Século XX, Exu e Pombagira eram subjugados e mantidos sob o comando de outros Espíritos ou Divindades, é a partir da alforria autogarantida, em meados da década de 1960, que Exu Rei das 7 Encruzilhadas assume seu reinado e estabelece sua Corte, literalmente coroando os Espíritos que demonstrassem aptidão e atuação efetiva na transformação da vida dos seus fiéis.

Porém, eu preciso confessar: seria desonesto dizer que foram Mãe Ieda ou Seu 7 quem estabeleceram de forma esquemática os nomes dos Reinos e Povos de Quimbanda como usualmente os conhecemos. Quem teve o prazer de conhecê-la sabe muito bem que Mãe Ieda é uma mulher negra de origem humilde, com pouca instrução formal, mas uma sabedoria que transcende o academicismo, e não lhe agrada explicar a vida com palavras rebuscadas ou muita complexidade. Ainda assim, enquanto as demais vertentes de Quimbanda eram mantidas em sigilo e praticadas a portas fechadas, foram Mãe Ieda e Seu 7 que, pela primeira vez, realizaram festas aos Espíritos no meio da encruzilhada, para todos verem; que por muitas vezes realizaram rituais de Exu e Pombagira no clarão das matas e na escuridão dos cemitérios; que inauguraram o costume das Festas de Gala em salões de grande porte e que, pela primeira vez, realizaram sessões de Quimbanda na beira da praia.

A estruturação dos 7 Reinos de Quimbanda, portanto, foi um processo orgânico que se desenvolveu de maneira empírica por alguns anos desde 1960, em função das práticas. O primeiro registro escrito desse "organograma espiritual" só vai aparecer anos depois, no livro "Reino de Kimbanda" (publicado em 1999 e que nunca ganhou edição em português, infelizmente), de Osvaldo Omotobàtálá. Em 2013, enquanto pesquisava e escrevia "Desvendando Exu", tive a honra e a alegria de conhecer pessoalmente Bàbá Osvaldo, como gosta de ser chamado, e visitar seu templo em Montevidéu, onde recebi das suas mãos um exemplar autografado da 1ª edição do seu livro, de onde transcrevi a estrutura dos Reinos de Quimbanda apresentada no meu livro de estreia, publicado em 2015, e agora no livro que você tem em mãos. Curiosamente, sendo a Quimbanda uma religião brasileira, é ao sacerdote e escritor uruguaio que se deve atribuir o crédito de documentar pela primeira vez os Reinos de Quimbanda. Seu conhecimento, porém, não era à toa: Bàbá Osvaldo foi iniciado nas religiões afro-brasileiras por Armando Ayala em 1973. Por sua vez, Armando Ayala foi filho espiritual de Mãe Ieda, para quem, em 1977, ela realizou o primeiro sacrifício de caprinos em oferenda a Exus fora do Brasil.

É a partir desse período que, com a popularização da internet e da então rede social Orkut, a estrutura dos 7 Reinos de Quimbanda ganhou notoriedade e passou a ser absorvida por diversas outras vertentes de Quimbanda do Brasil, inclusive por muitas casas da vertente carioca Nagô. Diferentemente do que tentou se estabelecer com as "7 Linhas Negras" até os anos 1950 (uma relação de oposição bem/mal entre a Umbanda e a Quimbanda - reforçando a imagem demonizada que praticantes das duas vertentes mantêm até hoje) e muito mais do que puramente organizar e hierarquizar os espíritos em "planos astrais" ou "faixas vibracionais" (como fazem as religiões de base Espíritas-Kardecistas e até mesmo algumas vertentes de "quimbanda" atuais, sem origem definida), os 7 Reinos de Quimbanda buscam dar sentido à existência, explicando as interrelações objetivas e subjetivas que cada um de nós experimenta no decorrer da vida, as dinâmicas simbólicas do SER humano, as dimensões sociais, culturais e, por que não, políticas da sociedade.

Pelos idos de 2009, eu já havia frequentado "Giras de Exu" na Umbanda de São Paulo por muitos anos e já havia visitado festas de Exu e Pombagira em alguns Terreiros de Candomblé também. Havia conversado, escutado e cambonado diversos Espíritos, em diversos lugares. Mas, até então, por mais encantador que fosse comungar com aquelas energias, parecia que faltava algo que explicasse os "porquês" da vida. Porém, quando através dos ensinamentos de Mãe Ieda e de seu Exu Rei das 7 Encruzilhadas, eu compreendi a profundidade de significados dos Reinos de Quimbanda pela primeira vez, tive a impressão de que "o sentido da vida" se explicava diante dos meus olhos. Ao invés de separar as diversas classes de Espíritos e suas áreas de atuação, como se pudessem ser forças absolutamente independentes umas das outras, os 7 Reinos de Quimbanda integravam as diversas áreas da vida física e espiritual. O movimento iniciado no Reino das Encruzilhadas vibrava magicamente até chegar ao Reino da Praia, que, no eterno vai e vem das ondas, retornava ao início de tudo, mostrando que ninguém - nem homem, nem Espírito - são capazes de ser ou viver isolados. Onde o campo de ação de um Espírito terminava, ali, imediatamente, começava a atuação de um outro, como num eterno ciclo complementar - tal qual a roda onde esses mesmos Espíritos dançavam nos dias de sessão.

Talvez você já tenha visto a descrição dos Reinos de Quimbanda em outros lugares, ou talvez, ainda, conheça uma versão ligeiramente diferente da que se apresenta aqui. Desde 2008, muitas versões dos Reinos de Quimbanda foram publicadas e copiadas e é esperado que haja diferenças entre elas, especialmente no que se refere aos Exus Governantes de cada Povo, como são chamadas as subdivisões de cada um deles. Isso, porém, não é o mais importante. Quaisquer que sejam os nomes dos Exus e Pombagiras que você conheça, se você quer verdadeiramente desvendar a magia de Exu e Pombagira e descobrir como eles podem influenciar a sua vida e orientar você e as pessoas ao seu redor através dos diversos Oráculos de Exu, então você precisa compreender o significado mágico e simbólico de cada um dos 7 Reinos, a maneira como eles se relacionam com a prática da magia e da espiritualidade, mas também com a vida real do dia a dia.

É por isso que muitas pessoas continuam associando a Quimbanda unicamente à maldade e o sincretismo de Exu com o Diabo permanece em voga até hoje: de visão rasa e limitada, são incapazes de perceber que, sendo Exu e Pombagira tão humanos quanto nós, as sutilezas dos seus fundamentos e campos de atuação atenderão a todas as nuances da vida, boas ou ruins.

Parecem não conhecer a regra básica de qualquer tradição mágica: se na física do mundo real os semelhantes se afastam, na espiritualidade eles se atraem! Pode até parecer frase clichê de textos de autoajuda, mas esta é mais uma das verdades que precisam ser estabelecidas: quem semeia vento, colhe tempestade.

Algumas pessoas podem se perguntar: "*então, na sua Quimbanda, Exu é benfeitor e não atua para o ataque ou a maldade?*" Aos que tenham entendido assim, respondo: "*absolutamente, não! Se necessário, meu Exu pode ser pior que o Cão!*". Seria mentira se eu dissesse o contrário. Afinal, é exatamente pela dualidade de Exu e Pombagira - livres para trabalhar tanto em favor do nosso crescimento pessoal, emocional e material, quanto para a destruição daqueles que nos impedem de conquistar o que desejamos – que me apaixonei pela Quimbanda. Porém, semelhante atrai semelhante e a maior verdade da Quimbanda é que *só se dá aquilo que se tem*. Com isso, ao menos aqui, no **Reino de Exu 7 Facadas e Pombagira Cigana**, os Espíritos têm muito mais do que dores e negatividades a nos oferecer e é a esse "mais" que eu dedico a maioria das minhas preces, feitiços e rituais.

Resumindo: ao insistir em cultuar Exu e Pombagira como demônios ou soldados prontos para o ataque, a única coisa se pode esperar em retorno é a guerra. Por outro lado, ao reconhecer suas forças de defesa, mas também os potenciais transformadores típicos de quem viveu na marginalidade e a ela sobreviveu, você se encontrará no centro de uma Encruzilhada e, ouvindo uma gargalhada, poderá escolher qual caminho seguir. Se você entender que o mais poderoso feitiço é aquele capaz de transformar a si próprio, então estará pronto para verdadeiramente desvendar os segredos da Quimbanda. Para dar o primeiro passo, aqui está o que você precisa saber...

INFORMAÇÕES IMPORTANTES

A seguir, vamos conhecer as particularidades de cada Reino da Quimbanda, seus Governantes, os pontos de atuação de cada Povo que os compõe, as bebidas e oferendas comumente ofertadas a eles e outras características. Porém, mais do que conhecer esses aspectos, a fim de consultar com excelência os Oráculos de Exu, será necessário compreender as sutilezas e nuances de cada um deles. Por isso, leia com atenção e se permita reler quantas vezes desejar até que você consiga enxergar o que ali está dito sem ser escrito, especialmente nos parágrafos de apresentação dos Reinos e nos subcapítulos chamados *"Significados e Atuação Mágica"*. Isso porque seria impossível reunir todas as possibilidades de explicação e interpretação dos Reinos num único livro e, mais ainda, descrever cada possibilidade nos diversos contextos da vida. Ainda assim, fique tranquilo: tudo o que você precisa saber estará aqui, algumas vezes de maneira explícita, outras, de forma subjetiva, para permitir que sua leitura e compreensão seja feita com olhos, mas também com o coração.

Antes de tudo isso, porém, é importante saber como se estruturam os Reinos da Quimbanda.
Tudo começa assim...

Desde o surgimento dos primeiros trabalhos com Exu e Pombagira, o número sete sempre teve grande importância. Melhor dizendo, o número sete certamente é o mais importante de todos na magia afro-brasileira; não à toa, o Caboclo que anunciou a Umbanda, a Pombagira de onde se origina a Quimbanda Nagô e o Exu que anunciou a Quimbanda Tradicional carregam o mesmo epíteto "das 7 Encruzilhadas". Portanto, nada mais natural que os sete sejam os Reinos da Quimbanda.

Entretanto, este não é o único número mágico das práticas de Exu e Pombagira. Aliás, todos os números ímpares estão relacionados a esses Espíritos, mas dois deles ganham destaque: o número três e o número nove, seu múltiplo tradicionalmente associado às almas e aos Eguns. Ora, se sete são as encruzilhadas espirituais que deram origens às nossas tradições - o quaternário da *matéria* somado ao triângulo do *espírito* - e sendo a Quimbanda uma tradição que dedica suas práticas ao desenvolvimento e à evolução de ambos, não haveria como os Reinos se subdividirem em apenas três partes. Entretanto, diferentemente do que algumas vertentes afirmam, também não é em sete que se subdividem os Reinos de Quimbanda, mas, sim, em nove - afinal, Exu é o princípio do movimento, mas não há ação na individualidade solitária e, portanto, ainda que o número um o represente, é somente a partir do número três que seu movimento mágico ganha potencial de ação.

Assim, se os Reinos de Quimbanda se propõem a explicar a vida em todas as suas nuances, é pela multiplicidade dos Reinos Animal, Vegetal e Mineral e dos três aspectos da existência humana - físico, mental e espiritual - que se organizarão. Portanto, nove (três vezes três) são as suas subdivisões – ao que chamaremos Povos de Exu. É a partir dos Sete Reinos e seus Nove Povos que retornaremos ao princípio mágico de Exu. Ao resultado da multiplicação 7 x 9 (ou seja, aos 63 Povos de Exu - onde, ainda, por redução teosófica, chegaremos a 6 + 3 = 9, mais um indício de que os Exus integram o ciclo completo da realidade cósmica), somam-se os próprios Reinos, resultando em 63 (Povos) + 7 (Reinos) = 70 ou, ainda, 63 (Povos) + 7 (Reis) + 7 (Rainhas) = 77 potências de ação mágica.

Cada um dos sete Reinos de Quimbanda é governado por um casal de Espíritos chamados Exu Rei e Pombagira Rainha, seguido do nome do Reino a que se relacionam, e subdividido em nove Povos de Exu, cada qual com seus Chefes. Isso não significa, porém, que eles sejam mais ou menos poderosos do que qualquer outro Espírito, nem que tenham comando sobre eles. Sua titulação, aqui, diz respeito às suas abrangências mágicas: enquanto um Exu "não-Rei" ou Pombagira "não-Rainha" atuará nos Povos a que se relaciona a sua magia, podendo ter *Cruzamentos* de um e outro Reino, os Reis e Rainhas da Quimbanda não têm *Cruzamentos* em seus fundamentos. Ao mesmo tempo, pela titulação de realeza, os Reis e Rainhas atuarão simultaneamente nos nove Povos do Reino que comandam.

Em tempo: algumas vertentes de Quimbanda chamam essas subdivisões de "Legiões", o que, na minha opinião, mesmo que não esteja propriamente "errado", também não faz sentido. Ora, reinos são formados por grupos de pessoas que habitam o mesmo entorno e se inter-relacionam étnica ou culturalmente, dando origem a diversos povos; quem têm legiões são os exércitos, quer sejam eles militares, voluntariados ou religiosos, o que apenas reforça a correlação de Exu à figura do Diabo bíblico e suas "Legiões de Demônios".

Notas sobre as Frentes de Exu e Pombagira

No que tange às oferendas não-cruentas preparadas aos Espíritos, as chamadas *Frentes de Exu e Pombagira*, vale ressaltar que essa é uma expressão tipicamente gaúcha, mas que tem sido apropriada por outras vertentes (assim como as expressões *Aprontamento* e *Alupandê / Elupandê*, uma saudação aos Espíritos da Quimbanda, que também são expressões regionais gaúchas), e é usada tanto no Batuque dos Orixás quanto na Quimbanda dos Espíritos, pois, em ambos, as oferendas são colocadas *à frente* do quarto-de-Santo ou do quarto-de-Exu para restringir o acesso a esses cômodos nos dias de sessão pública. Sobre suas fórmulas e preparos, diversos são os ingredientes usados na confecção dessas oferendas e, em especial, é importante lembrar que, mesmo havendo ingredientes comuns aos Reinos, cada Espírito terá suas predileções, independentemente do nome com que se apresente. Assim, ainda que muitas receitas sejam conhecidas e ensinadas amplamente, acreditar que a oferenda dada a um Tranca-Ruas das Almas, por exemplo, sirva a *todos* os Tranca-Ruas das Almas é, no mínimo, desconsiderar a individualidade e as particularidades do Espírito com que se trabalha. Portanto, é comum que as receitas sofram alterações no modo de preparo ou nos ingredientes a depender do objetivo de cada ritual e dos gostos de cada Espírito em particular. Aprender a identificar essas diferenças acontece, primeiramente, pela experiência e aprendizado no dia a dia dos terreiros, mas também é um dos principais usos do Oráculo de 4 Búzios, no qual a excelência de interpretação depende do conhecimento sobre os Reinos de Quimbanda.

Assim, as oferendas descritas não se propõem a serem "receitas de feitiço" com objetivos específicos. Ao contrário, estão ensinadas de forma a atender e ofertar simultaneamente todos os Povos daquele Reino, da maneira como são feitas no **Reino de Exu 7 Facadas e Pombagira Cigana** e servidas durante os rituais de iniciação e passagem. Isso vale, ainda, para as ervas e bebidas indicadas: elas são apenas uma pequena relação das comumente associadas a cada Reino e, a depender dos *Cruzamentos* de cada Espírito, poderão ser combinadas nos diversos usos, tais como banhos e defumações.

Em todas as receitas a seguir, duas expressões poderão chamar a atenção do leitor que não tenha intimidade com as práticas da Quimbanda Tradicional: *opeté* e *padê*, respectivamente relacionados a Exu e Pombagira. O *opeté* é um tipo de bolinho em formato de triângulo ou pirâmide, preparado de diversas maneiras e com diversos ingredientes a depender do Reino que se oferenda ou do feitiço que se realiza. Por seu formato alongado, cumpre duas funções principais: em oferendas de objetivo ativo ou positivo, o *opeté* faz as vezes de "transmissor" de energia; em oferendas de objetivo passivo ou defensivo, atua como o "receptor" energético, um para-raios da negatividade. Por sua simbologia fálica, é dedicado aos Espíritos masculinos.

O *padê*, por sua vez, não se trata das misturas de farinhas e outros ingredientes oferecidas aos Espíritos e Divindades, como comumente são chamadas as farofas votivas nas demais regiões do país; essas farofas, na Quimbanda Tradicional, são chamadas *miãmiã* ou *amiã*. Por outro lado, o *padê* da Quimbanda Tradicional é, assim como o *opeté*, um tipo de bolinho preparado comumente com farinha de mandioca ou de milho amarela, à qual são adicionados diferentes ingredientes, a depender do Reino que se oferenda ou do feitiço que se realiza. Seu formato, porém, é esférico e lembra a figura de um ovo, fazendo as vezes de útero simbólico e, portanto, dedicado aos Espíritos femininos. Assim, tal qual o útero materno, pode tanto servir como elemento de proteção, quanto de geração/multiplicação.

Ainda sobre as *Frentes de Exu*, uma curiosidade: na Quimbanda Tradicional, elas são montadas sobre bandejas de papelão, forradas com folhas de mamoneiro e, depois de prontas, enroladas em papel celofane da cor do Reino a que se oferenda. Ainda assim, não há qualquer problema em usar alguidares de barro, como geralmente acontece nas demais vertentes. No **Reino de Exu 7 Facadas e Pombagira Cigana**, a propósito, já há muitos anos abolimos o uso do papel celofane, a fim de contribuir com a diminuição do consumo de plásticos e elementos que não sejam biodegradáveis. Exceção à substituição por alguidares, porém, são o uso de suportes e travessas de cristal e louça, restritos ao banquete de Exu Maioral, ou os suportes e travessas de vidro, ágata ou tachos de metal, comumente usados nos rituais oferecidos ao Povo Cigano.

1 – REINO DAS ENCRUZILHADAS

Por mais longa e sinuosa que seja, uma linha contínua poderá, na melhor hipótese, chegar a um só destino. É somente quando os caminhos se intersecionam, criando cruzamentos e encruzilhadas, que novas possibilidades se apresentam. Por isso, o Reino das Encruzilhadas é o primeiro e mais importante Reino da Quimbanda e é a partir dele que física, simbólica e espiritualmente acontecem as trocas e intercâmbios do Universo. Assim, as Encruzilhadas simbolizam o princípio da ação, a fração de segundos entre a inércia e a continuação do movimento que permitirá a troca e a transformação. Com isso, as *sessões de Quimbanda* se iniciam com cantigas de invocação a Exu Maioral e, em seguida, ao Reino das Encruzilhadas, abrindo a porta de comunicação entre o mundo físico e o mundo espiritual.

Significados e atuação mágica

O Reino das Encruzilhadas representa e atua sobre toda forma de abertura e início, seja das sessões espirituais, dos novos ciclos da vida, de novos projetos ou oportunidades profissionais, de novos relacionamentos e, ainda, dos nascimentos - ou melhor, da fecundação. A ele também se atribui a responsabilidade de romper a estagnação e iniciar o movimento em direção àquilo que se deseja, possibilitando o avanço e o progresso pela continuação desse movimento que levará à transformação regida pelo Reino dos Cruzeiros. Afinal, é impossível buscar o aprimoramento e o crescimento pessoal, espiritual ou material sem que passemos pelos cruzamentos simbólicos que nos permitem

-- 113 --

mudar de caminho, tomar novas decisões e trilhar novas direções. Porém, pela natureza dual de Exu e Pombagira, o Reino das Encruzilhadas também pode fechar os caminhos que se apresentam e bloquear o avanço e o progresso.

O Reino das Encruzilhadas se relaciona, ainda, com os direcionamentos de energias e espíritos, assim como, também, com o direcionamento das questões cotidianas, à necessidade de tomar decisões e de fazer escolhas que permitam avançar no que se propõe e, tão importante quanto, aos desdobramentos que essas decisões e escolhas possam vir a ter. Afinal, para que seja possível andar por novos caminhos, inevitavelmente temos que deixar o que já vinha sendo trilhado. Nesse sentido, é o Reino das Encruzilhadas quem nos leva à reflexão sobre os nossos objetivos, as escolhas feitas para conquistá-los e suas consequências.

Da mesma maneira, é o Reino das Encruzilhadas que indica o surgimento de oportunidades ou a falta de alternativas e a paralisação daquilo que se vive. Nesse aspecto, quando aparece numa consulta oracular, pode tanto indicar a estagnação física, emocional ou espiritual que impede o progresso (contextualizada pelos demais Reinos que surgirem durante uma consulta oracular) quanto apontar os excessos de todo tipo, a intensidade que extrapola os limites, aconselhando a necessidade de se tomar iniciativa ou acalmar o ritmo vivido.

Além disso, por sua relação com as ruas e estradas urbanas e rurais, também trata dos seus perigos – quer sejam acidentes de trânsito ou as violências e os perigos do mundo cotidiano – especialmente das armas de fogo e as violências sexuais. Nesse mesmo sentido, se relaciona ainda com todas as questões policiais e prisionais.

Um ponto importante a observar sobre as Encruzilhadas é que, ao contrário do que comumente se acredita, não há separação entre "Encruzilhada Macho / de Exu" (em formato de X) e "Encruzilhada Fêmea / de Pombagira" (em formato de T). Em toda e qualquer Encruzilhada, sempre haverá Espíritos masculinos e femininos simultaneamente. A diferença entre seus formatos, porém, tem significado mágico e simbólico opostos: enquanto a Encruzilhada em formato de X, com quatro ou mais caminhos possíveis, é "positiva" e se pretende à abertura e multiplicação das energias, a Encruzilhada em formato de T (com três caminhos) ou em formato de L (uma esquina sem atravessamento entre as vias) é "negativa" e se pretende ao fechamento, restrição e divisão energética.

Governantes

O Reino das Encruzilhadas é governado por Exu Rei das 7 Encruzilhadas e Pombagira Rainha das 7 Encruzilhadas.

OS POVOS DAS ENCRUZILHADAS

Os Povos de Exu que compõem o Reino das Encruzilhadas e seus respectivos Chefes são:

1. **Encruzilhada da Rua**   **Exu Tranca-Ruas**
Tem seu ponto de força nas esquinas de todos os cruzamentos entre as ruas e becos das cidades e meios urbanos, com exceção das Encruzilhadas da Lira.

2. **Encruzilhada da Lira   Exu 7 Encruzilhadas**
Tem seu ponto de força nas esquinas dos cruzamentos que, em ao menos uma delas, haja um ponto de força relacionado ao Reino da Lira, como agências bancárias, bares, casas de jogo, mercados, ou ainda que sejam usadas como local de prostituição.

3. **Encruzilhada da Lomba   Exu das Almas**
Tem seu ponto de força nas esquinas de todos os cruzamentos formados por caminhos em aclive ou declive, mas, em especial, nas esquinas que formam o perímetro dos cemitérios, bem como nas esquinas das ruas que dão acesso a eles ou onde tenha havido fatalidades.

<u>Importante</u>: *"Lomba" é uma expressão tipicamente gaúcha – uma gíria regional - que designa as ladeiras e caminhos em aclive e não tem relação com "lombadas" ou "montículos". No contexto da Quimbanda, é sinônimo de Almas, e o uso dessa expressão se origina no fato de os cemitérios antigos serem comumente construídos nos pontos mais altos das cidades (normalmente próximo à Igreja Matriz da região) ou, ainda mais antigamente, os falecidos serem enterrados aos pés das árvores, no alto de montes e colinas, o que forçosamente fazia com que o acesso até o local fosse repleto de ladeiras e subidas, de "lombas". Essas árvores nunca deveriam ser cortadas e, aos seus pés, eram depositados elementos como flechas, ossos, peças de ferro e cerâmica, demarcando o local onde eram enterrados os corpos dos falecidos – uma óbvia semelhança com os assentamentos e os Omotés - os Buracos de Exu.*

4. **Encruzilhada dos Trilhos   Exu Marabô**
   Tem seu ponto de força nas esquinas dos cruzamentos formados entre linhas férreas e qualquer outro tipo de via, seja outra férrea, ruas pavimentadas ou caminhos de terra.

5. **Encruzilhada da Mata   Exu Tiriri**
   Tem seu ponto de força nas esquinas formadas por trilhas dento das matas, mas também nas formadas por estradas de terra, encontradas em cidades do interior, ou, ainda, nos cruzamentos entre troncos caídos ou pontes e pontilhões sobre rios e riachos.

6. **Encruzilhada da Calunga   Exu Veludo**
   Tem seu ponto de força nas esquinas dos cruzamentos entre as vias de passagem dentro dos cemitérios, mas especialmente nas dos cruzamentos entre os túmulos e covas.

7. **Encruzilhada da Praça   Exu Morcego**
   Tem seu ponto de força nas esquinas das trilhas dentro de praças e parques, e especialmente nas esquinas de seu perímetro. Como "Praças" entende-se também os parques e áreas de lazer externo.

8. **Encruzilhada do Espaço   Exu 7 Gargalhadas**
   O Povo do Espaço não possui ponto de força em locais físicos, mas recebe suas oferendas em todas as demais Encruzilhadas, conforme o objetivo do feitiço. "Espaço" se refere aos cruzamentos entre os paralelos e meridianos geográficos, assim como aos atravessamentos simbólicos entre pensamentos, sentimentos e desejos, seja por semelhança ou oposição.

9. Encruzilhada da Praia   Exu Mirim

Tem seu ponto de força nas esquinas formadas entre a beira das praias de água doce ou salgada e as vias que dão acesso a elas ou, ainda, nos cruzamentos de caminhos que perpassem os fluxos de água, como trilhas de pedras que atravessam riachos.

Cores e Símbolos

As cores do Reino das Encruzilhadas são o vermelho e o preto. Seu símbolo, dois tridentes de uma ponta cruzados na diagonal em forma de "X", indicando caminhos que se distanciam. Além desse, todos os garfos, chaves, cadeados e tridentes retos são seus símbolos.

Ervas

Abacaxi, Abre-Caminhos, Arrebenta Cavalo/João Bravo, Artemísia, Bardana, Cansanção, Cavalinha, Cinamomo, Erva De Santa Maria, Erva Fina, Folha De Maracujá, Folha-de-Fogo, Funcho, Grama-Bermudas, Jurema Preta, Louro, Maracujá, Papoula, Parreira, Poejo.

Bebidas

Via de regra, os Exus de todos os Reinos recebem aguardente de cana, a cachaça, como bebida principal. Da mesma maneira, às Pombagiras de todos os Reinos são oferecidos espumantes e sidras *demi-sec* tintos ou rosês. Ainda assim, aos Exus do Reino das Encruzilhadas também são comumente oferecidas outras bebidas destiladas, especialmente o whisky e o conhaque, mas também a cerveja.

Oferendas

LOCAL DE ENTREGA

O Reino das Encruzilhadas tem seu ponto de energia nos entroncamentos e cruzamentos dos caminhos e recebem suas oferendas nas esquinas das ruas da cidade ou das trilhas na mata.

FRENTE PARA OS EXUS DE ENCRUZILHADA

Numa bandeja forrada com folhas de mamona verde, arrumar uma porção generosa de milho de galinha torrado claro e cobrir com pipoca branca. Sobre a pipoca, distribuir sete balas de mel, sete charutos e sete batatas-miúdas assadas e batizadas com azeite-de-dendê. Preparar um *opeté* de batata inglesa cozida e amassada e colocá-lo no meio da oferenda.

FRENTE PARA AS POMBAGIRAS DE ENCRUZILHADA

Numa bandeja forrada com folhas de mamona verde, arrumar uma porção generosa de *miámiá* feito com farinha de milho amarela e mel, e cobrir com pipocas brancas adoçadas com açúcar e mel. Sobre elas, distribuir sete bombons, sete botões de rosas vermelhas, sete cigarros de filtro branco e três ou sete ovos vermelhos crus, batizados com azeite-de-dendê. Preparar um *padê* de farinha de milho amarela e azeite-de-dendê e colocá-lo no meio da oferenda, batizando o *padê* com mel.

2 – REINO DOS CRUZEIROS

Movimento sem destino é desperdício de tempo e energia e de nada adianta haver início sem que haja a continuidade daquilo que alguém se proponha fazer ou alcançar. Assim, se as esquinas das Encruzilhadas são o princípio da ação, tendo sua origem no exato ponto de interseção entre dois ou mais caminhos, as ruas e seus prolongamentos são os Cruzeiros, a potência da continuação do movimento. Ao mesmo tempo, os Cruzeiros representam o momento exato em que um caminho dá passagem a outro, em que um estágio anterior da existência deixa de existir, pois um novo se inicia. Eis porque ambos – Encruzilhadas e Cruzeiros - são intimamente ligados e muitas vezes confundidos.

Significados e atuação mágica

A bem da verdade, o Reino dos Cruzeiros é a continuação complementar do Reino das Encruzilhadas em todos os seus significados. Afinal, do momento em que acontece a ignição simbólica do movimento, é necessário que ele continue existindo para que se alcancem os objetivos desejados, ou nos tornaríamos vítimas da procrastinação. Assim, é muito comum que os dois Reinos sejam invocados em conjunto na realização de feitiços tanto de abertura quanto de fechamento, completando um ao outro em sentidos opostos. Ora, de que adiantaria abrir os caminhos para a prosperidade, por exemplo, se não tivermos condições de trilhar os passos necessários até ela? Nesse sentido, o Cruzeiro viabiliza a transformação iniciada pela Encruzilhada. Mas, de que serviria gastar tempo, energia e dinheiro com um feitiço de trancamento se, mesmo com sucesso aparente do trabalho, seu alvo pudesse, dali a pouco, retomar o que lhe foi tirado? Assim, para que se possa manter a inércia, de pouco adianta somente diminuir o ritmo dos seus passos; há que se apagar a chama capaz de fazê-lo retomar a ação. Nesse sentido, a Encruzilhada propicia a manutenção da estagnação trazida pelo Cruzeiro.

A partir dos simbolismos de ida e vinda a partir de um ponto de mudança é que os Cruzeiros se estabelecem como os portais físicos e simbólicos através dos quais um ciclo se encerra no momento exato em que outro começa. Também por isso, não à toa, o portão de entrada dos templos de Quimbanda costuma ser guardado e vigiado por um Exu ou Pombagira de Cruzeiro que, tal qual um vigilante e um posto de fiscalização e pedágio, ao mesmo tempo em que zela por aqueles que dali saem, também verifica os que tentam entrar, impedindo que energias indesejadas atravessem seus portões, especialmente durante as *sessões de Quimbanda*. Também por isso, muitas vezes, esses Espíritos são invocados ou ainda assentados em estabelecimentos comerciais, escritórios, escolas e indústrias.

Da mesma maneira, as cruzes que demarcam um local de falecimento ou a Cruz Maior dos cemitérios e Igrejas são chamadas Cruzeiro das Almas, um portal de entrada e saída de energias e de intercâmbio entre o mundo dos vivos e dos mortos.

Assim, o Reino dos Cruzeiros atua sobre todos os tipos de passagens – quer sejam físicas, simbólicas, emocionais ou espirituais – estabelecendo a dinâmica das trocas e tornando-se o veículo para a transformação positiva ou negativa de qualquer situação.

Governantes

O Reino dos Cruzeiros é governado por Exu Rei dos 7 Cruzeiros e Pombagira Rainha dos 7 Cruzeiros, também chamada, simplesmente, Pombagira Rainha do Cruzeiro.

OS POVOS DOS CRUZEIROS

Os Povos de Exu que compõem o Reino dos Cruzeiros e seus respectivos Chefes são:

1. **Cruzeiro da Rua**   **Exu Tranca Tudo**
Tem seu ponto de força nas ruas, avenidas, becos e vielas dos meios urbanos, desde uma esquina até a seguinte, onde se forma a próxima Encruzilhada do caminho em questão, com exceção dos Cruzeiros da Lira. Os locais nessas mesmas vias onde houve morte será um Cruzeiro das Almas (da Rua).

2. **Cruzeiro da Praça**   **Exu Kirombó**
Tem seu ponto de força nas trilhas dentro de praças e parques, mas especialmente nas que formam seus perímetros. Também nos arcos decorativos e nos portões desses locais. Vale lembrar que, como "Praças", entende-se também os parques e áreas de lazer externo. Em praças onde houver uma cruz construída, esse ponto de força será um Cruzeiro das Almas (da Praça).

3. **Cruzeiro da Lira**   **Exu 7 Cruzeiros**
Tem seu ponto de força nas ruas em continuação às Encruzilhadas da Lira ou nas ruas distantes dessas Encruzilhadas, mas onde haja um ponto de força relacionado ao Reino da Lira, como agências bancárias, bares, casas de jogo, mercados, ou ainda que sejam usadas como local de prostituição. Também se refere às portas desses locais. Se nesses locais, porém, houve morte, o ponto específico do falecimento será um Cruzeiro das Almas (da Lira).

4. **Cruzeiro da Mata**   **Exu Mangueira**
Tem seu ponto de força nas trilhas dento das matas, mas também nas estradas de terra, comumente encontradas em cidades do interior. Também se refere ao ponto de entrada desses espaços, à "boca da mata". Em matas onde houver uma cruz construída ou um ponto onde houve acidente fatal, esse ponto de força será um Cruzeiro das Almas (da Mata).

5. **Cruzeiro da Calunga**   **Exu Kaminaloá**
Tem seu ponto de força nas ruas de dentro dos cemitérios, mas especialmente nos espaços de passagem entre um e outro túmulo, assim como nas cruzes sobre eles. O lado de dentro dos portões de entrada e saída, assim como a porta dos ossuários e dos túmulos, também são um Cruzeiro da Calunga, vez que são pontos de passagem entre espaços.

6. **Cruzeiro das Almas**   **Exu 7 Cruzes**
Tem seu ponto de força nas cruzes que demarcam os locais onde houve morte, assim como nas cruzes dentro das Igrejas e dos cemitérios – em especial a "Cruz Maior" de cada um deles.

7. **Cruzeiro do Espaço** **Exu 7 Portas**
   Assim como o Povo das Encruzilhadas do Espaço, o Povo dos Cruzeiros do Espaço não tem local físico como ponto de força, mas recebe suas oferendas em todas os demais Cruzeiros. Relaciona-se à continuação das linhas geográficas e aos antigos portais espirituais como Stonehenge, por exemplo. bem como à harmonização e modificação de pensamentos, sentimentos e desejos após seus atravessamentos.

8. **Cruzeiro da Praia** **Exu Meia Noite**
   Tem seu ponto de força na linha limítrofe entre areia e água, por excelência, um Cruzeiro de Praia, visto que é ponto de passagem. Também se refere às trilhas entre as dunas à beira d'água doce ou salgada onde não haja entroncamentos ou, quando houver, ao ponto exato de passagem entre um e outro local. As cruzes presentes nesses locais serão Cruzeiros das Almas (da Praia). A pororoca, encontro da água dos rios com a água do mar, também é incluída.

9. **Cruzeiro do Mar** **Exu Calunga**
   Tem seu ponto de força no meio da água, especialmente nas rotas de navegação, vez que são caminhos que levam a outros destinos, assim como nos portões de embarcadouros e cais do porto.

Cores e Símbolos

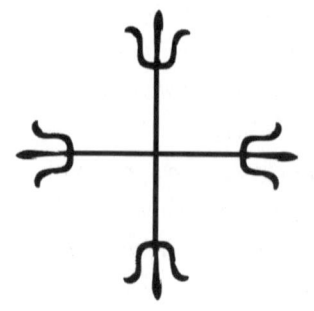

As cores do Reino dos Cruzeiros são o vermelho, o preto e o prateado, intercaladas. Seu símbolo, dois tridentes de pontas simétricas, cruzados em forma de cruz, indicando a continuação do movimento em qualquer direção.

Ervas

Absinto/Losna, Arruda, Cambuí, Cipreste, Comigo-Ninguém-Pode, Fedegoso Branco, Funcho, Guiné, Hibisco, Jambo, Jurema Preta, Parreira, Vence Tudo.

Bebidas

Assim como aos Exus do Reino das Encruzilhadas, aos do Reino dos Cruzeiros costumeiramente oferecemos cachaça, whisky, conhaque e, às vezes, cerveja. Às Pombagiras, tradicionalmente servimos espumantes e sidras *demi-sec* tintos ou rosês.

Oferendas

LOCAL DE ENTREGA

O Reino dos Cruzeiros tem seu ponto de energia nos locais de passagem, portas e portões, na continuação dos caminhos, no prolongamento das vias de passagem e na Cruz Mestra dos cemitérios e Igrejas. O local de entrega das suas oferendas é definido de acordo com o Espírito ou Povo a que se oferenda.

Frente para os Exus de Cruzeiro

Numa bandeja forrada com folhas de mamona verde, arrumar uma porção generosa de *miãmiã* feito com farinha de mandioca, azeite-de-dendê e cachaça. Cobrir com pipoca branca e, sobre ela, distribuir sete chaves e um pedaço de costela bovina ou caprina, sapecada ou batizada com pimenta e azeite-de-dendê. Preparar um *opeté* de farinha de mandioca e água pintado com pemba vermelha e colocá-lo no meio da oferenda.

Frente para as Pombagiras de Cruzeiro

Numa bandeja forrada com folhas de mamona verde, arrumar uma porção generosa de *miãmiã* feito com farinha de milho amarela e espumante ou sidra e cobrir com pipocas adoçadas com açúcar e mel. Sobre a pipoca, distribuir sete chaves, sete botões de rosas vermelhas, sete cigarros de filtro branco e sete ovos brancos ou vermelhos, crus e batizados com azeite-de-dendê. Preparar um *padê* de farinha de milho amarela e mel e colocá-lo no meio da oferenda, batizando com azeite-de-dendê.

3 – REINO DAS MATAS

Toda mudança que se pretenda vencedora, qualquer que seja a área da vida que se queira transformar, exige de nós estratégia e coragem, tal qual panteras que espreitam sua presa e enfrentam os desafios da floresta para conquistá-las. Mas de nada adianta vencer uma única vez. Por isso, toda mudança que se pretenda duradoura só permanece e se multiplica se trouxer consigo lições que nos permitam crescer ao mesmo tempo em que fortalecemos nossas raízes, tal qual as árvores aprendem a vencer as intempéries do tempo para atingir as alturas. Assim, enquanto as Encruzilhadas dão início ao movimento e os Cruzeiros permitem a continuidade que leva à transformação, é nas Matas que se escondem os segredos da medida exata que diferencia remédio e veneno, dor e prazer, ensinando que para tudo na vida há o tempo de semear, cultivar, partilhar... e guerrear!

Significados e atuação mágica

O Reino das Matas tem seus domínios, principalmente, no poder mágico, terapêutico e medicinal das plantas, folhas, flores e sementes. Portanto, domina a arte da cura e do envenenamento, quer seja físico - através de infusões, emplastros e unguentos -, quer seja espiritual - através de pós para todos os fins, os chamados *atins* e zorras, banhos e defumações de ervas secas ou fervidas, sabões de encantamento, filtros e garrafadas para lavagens de chão e ambientes. Por sua intimidade com o Reino Vegetal e suas magias, talvez seja o Reino de Quimbanda que exige a menor quantidade de sacrifícios animais em seus fundamentos – o que não significa que não os receba, afinal, o *sangue vermelho* é a base do culto de Exu e Pombagira -, vez que o *sangue verde* das florestas também carrega a força da vida e da morte em sua seiva.

É nele, ainda, que os Caboclos e Pretos Velhos Quimbandeiros se manifestam com seu conhecimento sobre a pajelança e seu domínio sobre as divindades que habitam a copa das árvores e as energias inferiores que vagam pela escuridão da noite. Os Espíritos que se manifestam no Reino das Matas são de caráter arredio e muito reservados, tais quais os animais selvagens que atacam suas presas num bote certeiro, com certa personalidade selvagem e misteriosa característica de quem habita a profundeza das florestas e não se dá a conhecer ao mundo. Assim como as árvores mais antigas, carregam consigo a sabedoria que atravessa o tempo e são invocados para o aconselhamento e o apaziguamento de situações de angústia e conflito.

Por tudo isso, respondendo em consultas oraculares, quando em seu aspecto positivo, indicam que a situação sobre a qual se pergunta será vitoriosa, grandiosa e duradoura, tal qual as árvores crescem às alturas enquanto mantém suas raízes firmes no solo. Nesse caso, para uma interpretação mais assertiva, é preciso investigar sobre o tempo até o sucesso apontado pelo jogo, já que, quanto às árvores, há o tempo de semear, germinar e só então crescer e expandir, ao passo que as águas dos rios fluem rapidamente por seu curso até o mar. Por outro lado, em seu aspecto negativo, marcam a presença de feitiços de dano ou de embaraço dos caminhos – tal qual é possível perder-se em meio às trilhas desconhecidas das matas e cair em suas armadilhas, ficando à mercê das feras selvagens -, indicando a necessidade imediata de limpezas espirituais e sacudimentos.

As Matas são, ainda, o local em que a presença simultânea dos quatro elementos da natureza se faz presente – a terra do solo, o fogo das queimadas e fogueiras, a água dos rios e cachoeiras e o ar das campinas e dos ventos que chacoalham as árvores. Elas são, também, o local de origem de todos as práticas de conexão e culto aos espíritos de qualquer linhagem – afinal, era nas matas que os ancestrais africanos e os Povos Originários enterravam seus mortos, assim como foi nas matas que os primeiros *Calundus* aconteciam. Assim, se o Reino das Encruzilhadas é o ponto de origem do movimento, o Reino das Matas é o ponto de origem da magia.

Nesse sentido, dois pontos importantes precisam ser observados: o primeiro, o fato de que todo e qualquer Exu e Pombagira, de qualquer Reino ou Povo, pode receber suas oferendas e feitiços nas Matas abertas ou fechadas, a depender do objetivo do ritual. O segundo ponto é que, justamente por ser o campo de força de onde toda a magia se origina e para onde toda magia pode retornar, quando aparece em consulta oracular nem sempre se refere a si mesmo, exigindo atenção especial à interpretação dos *Cruzamentos* apontados pelo jogo. A partir dessa análise, muitas vezes será possível identificar os Reinos onde foram feitos os feitiços contra o consulente ou os Reinos que se propõe a explicar e solucionar as questões trazidas por ele.

Governantes

O Reino das Matas é governado por Exu Rei das Matas e Pombagira Rainha das Matas.

OS POVOS DAS MATAS

Os Povos de Exu que compõem o Reino das Matas e seus respectivos Chefes são:

1. **Árvores**   **Exu Quebra Galho**
   Tem seu ponto de força na copa e no pé de todas as árvores e arbustos. Nos tempos antigos, os Povos Originários do Brasil e algumas etnias africanas enterravam seus mortos aos pés de árvores sagradas; da mesma maneira, acreditavam que, no alto de seus galhos, viviam os Espíritos da floresta.

2. **Parques**   **Exu das Sombras**
   Tem seu ponto de força nas áreas de vegetação dos parques público ou privado, de entretenimento ou de preservação ambiental.

3. **Mata da Praia**   **Exu das Matas**
   Tem seu ponto de força nos espaços de vegetação nas dunas de areia ou em áreas que costeiam os lugares onde haja água salgada ou doce, tanto as em movimento – como rios e riachos, por exemplo – quanto as estáticas – como os brejos, mangues e açudes.

4. **Campinas**   **Exu das Campinas**
   Tem seu ponto de força em áreas de campo aberto, sem presença intensa de urbanização, onde predominam a vegetação rasteira e os arbustos de pequeno porte.

5. **Serranias**   **Exu da Serra Negra**
   Tem seu ponto de força nas áreas de vegetação no alto dos montes e montanhas, especialmente os de terreno acidentado e difícil acesso, onde comumente se encontram ervas miúdas em sua encosta, mas em que predominam árvores de maior porte.

6. Minas   Exu Sete Pedras

Tem seu ponto de força nas minas de exploração dedicadas à extração de metal e pedras, nas pedreiras, assim como nas minas d'água encontradas tanto em ambientes menos urbanos quanto em sítios, chácaras e fazendas.

7. Cobras   Exu Sete Cobras

Tem seu ponto de força nos matagais não explorados, onde vivem animais peçonhentos de todo o tipo, bem como nos locais de mata onde haja buracos no chão ou na encosta dos rios e riachos. Também nos galhos de árvores que absorvem grande quantidade de água, como a bananeira, por exemplo.

8. Flores   Exu do Cheiro

Tem seu ponto de força nos espaços naturais e nas árvores e arbustos que dão flor ou naquelas cujas folhas exalem aromas, bem como nos jardins públicos ou privados onde essas espécies apareçam.

9. Sementeiras   Exu Arranca-Toco

Tem seu ponto de força nos locais de terra onde, propositadamente, haja plantação de qualquer espécie ou onde, por vias naturais, haja germinação e crescimento recente dessas espécies. Também nos locais onde as raízes de árvores e arbustos estejam à mostra ou, a depender do objetivo mágico, nos buracos cavados para que se encontrem as suas raízes.

Cores e Símbolos

As cores do Reino das Matas são o vermelho, o preto e o verde – ou o marrom -, intercaladas. Seu símbolo, uma tocha acesa sobre a cabeça de um lobo ou pantera, sobrepondo dois garfos cruzados na diagonal. Além desses, os traços sinuosos semelhantes à letra S e ao formato de répteis rastejantes também se relacionam ao Reino das Matas, assim como traços em zigue-zague, representando tanto os aclives dos montes e montanhas quanto os arbustos e vegetações rasteiras, e ainda a Lua e as estrelas (vez que podem ser vistas nas planícies e campinas).

Ervas

Assim como nas tradições dos Orixás todas as folhas pertencem a Ossain ao mesmo tempo em que dividem suas regências com outras divindades, na Quimbanda, todas as folhas pertencem, por excelência, ao Reino das Matas e, dele, se espalham pelos demais Reinos. Três delas, porém, têm destaque em seus fundamentos: a Aroeira, o Fumo e a Mamona.

Bebidas

No lugar da tradicional cachaça pura, os Exus do Reino das Matas costumam beber garapas alcoólicas, cerveja escura e de sabor terroso, ou as chamadas "garrafadas", preparados de ervas e sementes que ficam por longos períodos em imersão na cachaça e ao abrigo da luz, adquirindo um sabor amargo e absorvendo suas propriedades medicinais, muitas vezes sendo usadas também como xarope. As Pombagiras do Reino das Matas, por sua vez, costumam beber vinho *demi-sec* tinto ou rosê de sabor frutado, vermute ou, ainda, coquetéis preparados com vinho ou espumante, sementes e pedaços de frutas *in natura*.

Oferendas

LOCAL DE ENTREGA

O Reino das Matas tem seu ponto de energia em todos os locais de vegetação, campos, montes, colinas e verdearias – desde as florestas mais densas até as praças e jardins. O local de entrega de suas oferendas, portanto, é definido de acordo com o Espírito ou Povo de Exu a que se oferenda.

FRENTE PARA OS EXUS DAS MATAS

Numa bandeja forrada com folhas de mamona verde, arrumar uma porção generosa de milho de galinha, feijão preto e amendoim torrados claros, misturados com milho de galinha cozido e temperado com cachaça e azeite-de-dendê. Cobrir a oferenda com pipoca branca. Sobre a pipoca, distribuir um, três ou sete cachimbos e pedaços de fumo-em-rolo. Preparar um *opeté* de farinha de mandioca e água pintado com pemba verde ou erva-mate e colocá-lo no meio da oferenda.

Frente para as Pombagiras das Matas

Numa bandeja forrada com folhas de mamona verde, arrumar uma porção generosa de milho de galinha, feijão preto e amendoim torrados claros, misturados com milho de galinha cozido e temperado com vinho ou espumante e mel. Cobrir a oferenda com pipoca branca adoçadas com açúcar e mel. Sobre a pipoca, distribuir sete cigarros de filtro vermelho ou de palha e três ou sete ovos vermelhos ou de codorna, crus e batizados com azeite-de-dendê. Preparar um *padê* de farinha de mandioca e água pintado com pemba verde ou erva-mate e colocá-lo no meio da oferenda

4 – REINO DOS CEMITÉRIOS

Não importam cor ou credo, posição social ou orientação sexual: a morte é a única certeza e o acontecimento final que horizontaliza as relações que estabelecemos em vida. Aos que morrem, os Cemitérios darão a paz que lhes permitirá o descanso a partir de seus cadáveres em decomposição, alimentarão a terra pagando com a putrefação da vida àquela que lhes deu sustento quando vivos, ou o tormento de terem suas covas violadas e suas almas aprisionadas ou destinadas a vagar sem destino. Aos que ficam, os Cemitérios servirão como local de manutenção das lembranças dos que se foram e de reafirmação da sua própria finitude. Ao mesmo tempo, serão também objeto e ambiente de temor e tristeza, ressentimentos e angústias por não terem feito ou dito o que queriam antes que seus afetos partissem.

Também chamados de *Calungas* - da palavra bantu *Kalunga*, a terra dos mortos – ou *Calungas Pequenas*, em complemento às *Calungas Grandes*, os oceanos onde morreram mais de 2.000.000 de escravizados com as travessias dos navios no Século XV -, os Cemitérios representam o destino derradeiro de todos os seres vivos. Assim, enquanto as Matas nos transmitem a sabedoria necessária para germinar, crescer e florescer – ao mesmo tempo em que nos fornecem os remédios necessários para a cura do corpo -, os Cemitérios nos relembram de que tudo, um dia, vai passar... Até a própria vida, quando a morte chegar.

Significados e atuação mágica

O Reino dos Cemitérios representa o maior paradoxo quimbandeiro. Afinal, não haveria Quimbanda se não existissem os mortos, mas aos que buscam o crescimento, a abundância e o aprimoramento da existência em todos os seus aspectos, a morte é o que os impedirá de continuar. Porém, ao mesmo tempo em que pode causar temor, quando interpretado da maneira correta, o simbolismo desse Reino pode servir como incentivo a gozar a vida e todos os seus prazeres: tomando consciência sobre a inevitabilidade da morte e das incertezas do amanhã, compreenderemos o valor e grandiosidade do hoje.

Assim, a magia do Reino dos Cemitérios rege e influencia a passagem do tempo cronológico e, especialmente, sua finitude. Por esse motivo, quando se apresenta em uma consulta oracular, trata dos fechamentos e encerramento de ciclos, do fim inevitável que nem mesmo Exu poderá impedir ou remediar, da inércia e da morte física ou simbólica daquilo que se pergunta.

Da mesma maneira, a depender dos demais Reinos e caídas da consulta, pode indicar a consolidação e a permanência *ad infinitum* da mesma situação, tal qual os mortos são enterrados e, dali, não se movem.

É o mesmo simbolismo do corpo enterrado e inerte que responderá, no oráculo, sobre a demora em alcançar o que se deseja e, a depender do contexto de cada situação, aconselhará sobre mudar os planos vigentes, pois aquilo que se busca já está em decomposição. Pelo mesmo motivo, não se recomenda operar feitiços com o Reino dos Cemitérios para objetivos que sejam urgentes, que tenham pouco tempo útil para serem atingidos ou que dependam de decisões e mudanças em curto prazo. Entretanto, objetivos que busquem fazer desaparecer, adiar, enterrar ou encerrar qualquer situação encontram nos Cemitérios terreno fértil para serem atendidos. Da mesma maneira, a relação do Reino dos Cemitérios com as magias negativas é inegável. Afinal, quem de nós, num momento de ódio e fúria, nunca desejou a morte ou a dor de seus desafetos? Assim, seja para o ataque ou para a defesa, os Espíritos dos Cemitérios lidam diretamente com as energias mais densas e delicadas, muitas vezes perigosas, sendo especialistas em demandas e descarregos.

Por outra perspectiva, tal qual o túmulo de um falecido pode receber visitas frequentes, fazendo-o sempre lembrado, ou relegado ao abandono, fazendo-o esquecido por toda a eternidade, o Reino dos Cemitérios rege as memórias e lembranças positivas ou não, os esquecimentos e os abandonos e, de certa maneira, as doenças do corpo e da mente.

Governantes

O Reino dos Cemitérios é governado por Exu Rei do Cemitério e Pombagira Rainha do Cemitério ou, respectivamente, Rei e Rainha "da Calunga".

OS POVOS DOS CEMITÉRIOS

Os Povos de Exu que compõem o Reino dos Cemitérios e seus respectivos Chefes são:

1. **Portas da Calunga**   **Exu Porteira**
   Tem seu ponto de força no lado de fora dos portões de entrada e saída dos cemitérios, urbanos ou rurais.

2. **Tumbas**   **Exu 7 Tumbas**
   Tem seu ponto de força nas lápides, pedras ou construções que demarcam os túmulos ou, ainda, no próprio túmulo, desde que se possa vê-lo sobre a terra. Também nas gavetas dos cemitérios verticais.

3. **Catacumbas**   **Exu 7 Catacumbas**
   Tem seu ponto de força nos locais subterrâneos onde são enterrados os mortos, geralmente em galerias ou construções verticais abaixo da terra.

4. **Fornos**   **Exu Brasa**
   Tem seu ponto de força em todos os cômodos e ambientes de um crematório, mas especialmente no forno onde são incinerados os corpos.

5. **Caveiras**   **Exu Caveira**
   Tem seu ponto de força nos ossuários, nas gavetas mortuárias, em quaisquer locais em que os ossos estejam à mostra e no local de enterro dos indigentes.

6. **Mata da Calunga**   **Exu Calunga**
Ainda que alguns entendam este Povo como os locais de enterro em regiões de mata, a esses locais comumente chamaremos Calunga da Mata, parte do Povo das Serranias. As Matas da Calunga, por sua vez, são os espaços de vegetação, as árvores e arbustos encontrados dentro dos cemitérios, assim como as pequenas praças e espaços de convivência desses mesmos locais onde haja vegetação rasteira.

7. **Lomba da Calunga**   **Exu Corcunda**
Tem seu ponto de força no trajeto desde o portão principal até o Cruzeiro das Almas, a Cruz Maior, ou o velário (onde se acendem as velas).

8. **Covas**   **Exu 7 Covas**
Tem seu ponto de força nos buracos abertos para enterrar os mortos, mas ainda sem qualquer construção, ou nas tumbas quebradas ou desmanchadas para que um novo corpo possa ser enterrado onde, antes, havia outro.

9. **Mirongas**   **Exu Capa Preta**
Tem seu ponto de força nos quatro cantos do perímetro interno dos cemitérios e, também, nos espaços dentro deles em que haja pouca ou nenhuma incidência de luz, formando "pontos cegos" ou regiões de sombras.

Cores e Símbolos

A cor do Reino dos Cemitérios é o preto e seus matizes. Seu símbolo, uma caveira sobreposta a dois garfos cruzados. Também, todas as figuras relacionadas à morte, caveiras, sepulturas, caixões, ou, ainda, dois semicírculos transpostos.

Ervas

Asa Fétida, Café, Cardo, Cebola, Cravo De Defunto, Crisântemo, Erva Moura, Eucalipto, Feijão, Heliotrópio, Jurema Preta, Manjericão, Manjericão-Anis, Melão De São Caetano, Parreira, Pimenta, Pimentão, Sapatinho-de-Judia.

Bebidas

Os Exus e as Pombagiras do Reino dos Cemitérios aceitam a cachaça como bebida votiva. Aos Exus, o conhaque muitas vezes é servido, mas whisky não é costume. Às Pombagiras, o vermute e os vinhos tintos secos têm preferência sobre os espumantes que, quando ofertados, costumam ser tintos e secos.

Oferendas

LOCAL DE ENTREGA

O Reino dos Cemitérios tem seu ponto de energia dentro dos cemitérios urbanos ou rurais, onde são feitas as oferendas de acordo com o Povo de Exu a que se destinam.

FRENTE PARA OS EXUS DO CEMITÉRIO

Numa bandeja forrada com folhas de mamona, arrumar uma porção generosa de milho de galinha, feijão preto e amendoim torrados médios ou escuros e batizados com azeite-de-dendê, ou de *miãmiã* feito com farinha de mandioca e cachaça. Cobrir a oferenda com pipoca branca. Sobre as pipocas, arrumar nove botões de crisântemos brancos, nove charutos e nove pedaços de carvão. Preparar um *opeté* de farinha de mandioca e água pintado com pó de carvão e colocá-lo no meio da oferenda.

FRENTE PARA AS POMBAGIRAS DO CEMITÉRIO

Numa bandeja forrada com folhas de mamona, arrumar uma porção generosa de milho de galinha, feijão preto e amendoim, torrados médios ou escuros e batizados com azeite-de-dendê, ou de *miãmiã* feito com farinha de mandioca e vinho tinto seco. Cobrir a oferenda com pipoca branca adoçadas com açúcar e mel. Sobre as pipocas, arrumar uma cebola roxa cortada em três ou nove partes, nove cigarros de filtro vermelho, nove botões margaridas simples e nove ovos de codorna crus, batizados com azeite-de-dendê. Preparar um *padê* de farinha de mandioca e água pintado com pó de carvão e colocá-lo no meio da oferenda.

5 – REINO DAS ALMAS

Tal qual a morte comprova a finitude do corpo, que alimenta a terra que lhe deu a vida, o que resta após ela mostra-se eterno. Com isso, a partir do momento em que a materialidade da existência encontra um ponto final nos Cemitérios, sua subjetividade permanece viva do outro lado do véu, em função e em virtude das Almas dos falecidos conhecidos e desconhecidos. Entretanto, ao atravessarem o portal entre a vida e a morte, diversos serão os possíveis destinos dessas Almas e, ainda que muitas delas tenham tentado explicar a sua condição, a diversidade do que pode existir "do lado de lá" torna impossível compreender seus mistérios. Aos que se foram, resta descansar, sem rumo vagar ou ao mundo voltar para comungarem com quem lhes honra em memória e culto. Por outro lado, aos que ficaram, resta honrar, sentir e lembrar para sempre dos que partiram.

Significados e atuação mágica

Assim como acontece entre o Reino da Encruzilhada e o Reino dos Cruzeiros, em que um é a continuidade e a completude do outro, o mesmo se dá entre o Reino dos Cemitérios e o Reino das Almas. Afinal, não há corpo sem espírito e, por mais estranho que possa parecer, também não há espírito sem corpo. Melhor dizendo – e, aqui, na condição de sacerdote religioso, assumo o risco de contradizer fés diferentes da minha -, não há espírito sem que *antes* ele tenha habitado um corpo. Afinal, assim como o nascimento é a condição à vida, a morte é a condição à passagem ao mundo dos espíritos.

O contrário disso e as tentativas de explicar a origem da vida antes da fecundação e do nascimento não fazem parte da doutrina da Quimbanda. Ainda que muitos dos seus praticantes se valham de outras tradições para explicar de onde vem e para onde vai a centelha eterna após a morte do corpo finito, fato é que a Quimbanda é uma religião materialista e individualista, que reconhece, obviamente, a continuidade do espírito, mas que olha e busca explicar a vida na matéria e suprir suas necessidades e desejos neste mundo, aqui e agora. Quando de nossa passagem, restará sermos lembrados pelo legado que construímos e honrados por aqueles que deixamos, na expectativa de podermos voltar e, ao som dos tambores, com eles comungar.

Ainda assim, a Quimbanda acredita que a vida e a morte sejam forças complementares e que os vivos e os mortos compartilham espaços e alimentos. Por isso, não é recomendável usar os objetos ou ingerir os alimentos ofertados a eles. A reinterpretação desses hábitos durante os rituais de Quimbanda, como nos ensina Bàbá Osvaldo Omotobàtálá, leva a que não se repartam ou se distribuam alimentos até que se encerrem os cânticos ao Reino dos Cemitérios. Findados, o corpo dos defuntos descansa e as almas se levantam para comungar.

Com isso, enquanto o Reino dos Cemitérios trata da finitude objetiva da matéria, o Reino das Almas trata da eternidade subjetiva do espírito. Assim, se, ao primeiro, relacionam-se as memórias (capacidade biológica de reter informações) e as lembranças (capacidade afetiva de qualificar suas memórias), ao segundo se relacionam as emoções (reações instintivas aos estímulos externos) e os sentimentos (elaborações cognitivas das emoções). Afinal, a característica mais marcante "das Almas" invocadas durante um trabalho espiritual é, justamente, o tipo de sentimento na hora de sua morte: eis o que separa as Almas

Benditas das Almas Aflitas. No mesmo sentido, é característica do Reino das Almas atuar sobre as condições necessárias à subsistência, especialmente a alimentar e a financeira, tanto provendo o sustento quanto, em oposição, fazendo passar fome e necessidade. Aqui, é preciso atenção especial ao fato de que se a subsistência é atributo mágico das Almas, a abundância não o é.

Assim, quando o Reino das Almas surge numa consulta oracular, é sobre os sentimentos e as necessidades básicas de quem consulta ou sobre quem se pergunta que devemos fazer a interpretação. A partir do contexto dos demais Reinos em *Cruzamento*, poderemos melhor estabelecer a que sentimento ou necessidade se refere e o tipo de ação necessária a fim de supri-la. Só assim é que será possível orientar sobre as mudanças de comportamento ou a realização de rituais necessários para se atingir os objetivos desejados. Importante ressaltar que as demandas e feitiços envolvendo espíritos perturbadores ou os ataques de Eguns não estão necessariamente relacionados ao Reino das Almas, ainda que essas forças obviamente estejam contidas nele.

Governantes

O Reino das Almas é governado por Exu Rei das Almas – também chamado Exu Omolu ou Omulu -, e Pombagira Rainha das Almas.

Os Povos das Almas

Os Povos de Exu que compõem o Reino das Almas e seus respectivos Chefes são:

1. **Almas da Lomba**   **Exu 7 Lombas**
   Tem seu ponto de força nas vias externas que dão acesso aos portões de entrada e saída dos cemitérios, especialmente a mais íngreme ou a que leve ao seu portão principal.

2. **Almas do Cativeiro**   **Exu Pemba**
   Tem seu ponto de força em todos os locais de aprisionamento, como presídios, delegacias, cárceres de toda natureza, assim como no espaço dentro e debaixo de altares religiosos (nesse caso, especialmente, os das Igrejas Católicas, já que, as mais antigas, enterravam ali o corpo de seus padres e alguns santos populares e, ainda, um fragmento de osso sacro é usado até os dias atuais para fundamentar os mistérios do altar católico).

3. **Almas do Velório**   **Exu Marabá**
   Tem seu ponto de força nos espaços dedicados aos funerais, quer sejam anexos aos cemitérios, quer sejam em ambientes externos enquanto estiverem sendo usados para esse fim.

4. **Almas dos Hospitais**   **Exu Curador**
   Ainda que possa se referir a qualquer ambiente hospitalar, tem seu ponto de força especialmente relacionado às UTIs e aos necrotérios.

5. **Almas das Igrejas**   **Exu 9 Luzes**
   Tem seu ponto de força em todo e qualquer templo religioso, especialmente seus portões, veleiros e sobre altares (em complemento às Almas do Cativeiro, que têm seu ponto de força dentro deles).

6. **Almas do Mato** **Exu 7 Montanhas**
   Tem seu ponto de força aos pés e copas das árvores mais antigas em um espaço de mata, assim como no alto dos montes e montanhas e nas clareiras em meio à vegetação.

7. **Almas da Calunga** **Exu Tatá Caveira**
   São as almas que não se fixaram em seus locais de enterro e que vagam dentro dos cemitérios. Com isso, têm seu ponto de força no Cruzeiro das Almas, na porta da capela do cemitério ou no velário.

8. **Almas da Praia** **Exu Giramundo**
   São as almas que morreram próximas a regiões de água ou, ainda, as que morreram afogadas. De todo modo, não foram enterradas em cemitérios tradicionais e vagam pelas encostas das praias. Tem seu ponto de força nas margens secas desses locais.

9. **Almas do Oriente** **Exu 7 Poeiras**
   Uma vez que a Quimbanda é uma religião afrobrasileira dedicada ao culto e à adoração da ancestralidade de seus adeptos, entende-se que, em sua maioria, as Almas cultuadas sejam também (afro-) brasileiras. Dessa maneira, o Povo das Almas do Oriente abrange as almas de estrangeiros (geralmente, mas não necessariamente, não-brancos e não-africanos) e as almas nativas que, quando encarnadas, tiveram iniciação ou participação em tradições místicas e esotéricas de outras etnias. Têm seu ponto de força nos templos dessas tradições e no alto dos morros.

Cores e Símbolos do Reino das Almas

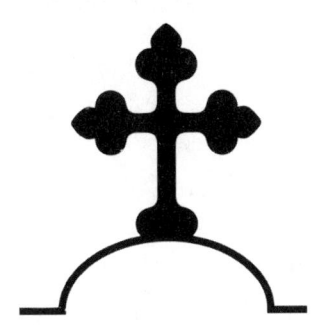

As cores do Reino das Almas são o preto, o branco e vermelho – ou o roxo -, intercaladas. Seu símbolo, uma cruz sobre um pequeno monte. Da mesma maneira, todas as cruzes - individualmente ou em conjunto, quer sejam feitas de traços simples, de formas elaboradas ou, ainda, de formas compostas, como a Cruz de Caravaca[12] -, também representam o Reino das Almas, assim como as espirais, símbolos de continuação da vida após a morte.

Ervas

Amoreira, Bambu, Café, Cambará, Cebola Roxa, Cipreste, Cravo De Defunto, Figueira, Jurema Preta, Limoeiro, Limão, Parreira, Pitangueira, Tília.

Bebidas

A cachaça serve bem tanto aos Exus quanto às Pombagiras das Almas, assim como misturas de cachaça ou outro destilado e cerveja simultaneamente. Às Pombagiras, agradam tanto o vinho branco seco quanto os espumantes brancos de sabor

---

[12] Relíquia cristã de origem espanhola, tem o desenho de uma haste principal transpassada por duas horizontais. Diz-se que apareceu na cidade de Caravaca de la Cruz e, por conter fragmentos do lenho da cruz de Cristo, é capaz de realizar diversos milagres.

ocre. Quando trabalhando na linha de Egun, a água com gás, o café preto frio e o vinagre também são servidos a esses Espíritos.

Oferendas

LOCAL DE ENTREGA

O Reino das Almas tem seu ponto de energia em todos os lugares altos, no topo de templos religiosos ou de montes e colinas, onde antigamente se sepultavam os falecidos, nos lugares onde houve a morte de alguém (como locais de acidentes fatais, por exemplo) e nos hospitais, capelas funerárias, igrejas e necrotérios. O local de entrega de suas oferendas, portanto, é definido de acordo com o Espírito ou Povo de Exu a que se oferenda.

FRENTE PARA OS EXUS DAS ALMAS

Numa bandeja forrada com folhas de mamona verde ou roxa, arrumar uma porção generosa de milho de galinha, feijão preto e amendoim torrados médios, ou de *miãmiã* de farinha de mandioca e água. Cobrir a oferenda com pipoca passada no azeite-de-dendê. Sobre elas, três cebolas brancas cortadas em três partes cada, nove charutos e nove botões de crisântemos brancos. Preparar um *opeté* de farinha de mandioca e água pintado com cinzas ou pó de café e colocá-lo no meio da oferenda.

FRENTE PARA AS POMBAGIRAS DAS ALMAS

Numa bandeja forrada com folhas de mamona verde ou roxa, arrumar uma porção generosa de milho de galinha, feijão preto e amendoim torrados médios ou escuros, ou de *miãmiã* feito com farinha de mandioca e vinho branco seco. Cobrir a oferenda com pipoca branca passada no azeite-de-dendê e açúcar. Sobre as pipocas, arrumar três limões cortados em três partes cada, nove cigarros de filtro branco, nove botões de margaridas simples e três ou nove ovos brancos, crus e batizados com azeite-de-dendê. Preparar um *padê* de farinha de mandioca e água pintado com cinzas ou pó de café e colocá-lo no meio da oferenda.

6 – REINO DA LIRA

Entre as cervejas dos bares e os drinks dos cabarés, as trapaças dos andarilhos nas praças e as jogatinas nos cais à beira mar, o doce soar da harpa europeia se encontra com as batidas dos tambores africanos. Inebriando e fazendo conhecer os vícios do corpo e os prazeres da carne, tudo se põe ao nosso alcance, mas, se quiser provar, terá de pagar. É assim que a Quimbanda nos convida a experimentar as dores e as alegrias da vida, provocando nossos desejos e sentidos até que sejamos consumidos por eles ou encontremos o equilíbrio de nossos próprios limites. Se mesmo em movimento e evolução constantes nada dura para sempre e, inevitavelmente, a matéria retorna à terra e a alimenta, enquanto do espírito ninguém pode afirmar ao certo o seu destino, o que nos resta, então? "*Aproveitar os prazeres e as belezas da vida*", responderão os Exus e Pombagiras do Reino da Lira.

Significados e atuação mágica

O Reino da Lira é o mais diversificado e plural de todos os Reinos e, de certa maneira, resume, em seus fundamentos, todos os arquétipos comumente associados a Exu e Pombagira: as festas e bebidas, as barganhas e o comércio, os prazeres e os excessos de todo tipo são suas principais características e domínios. Assim, os Espíritos desse Reino e suas magias atuam sobre as artes em suas mais diversas formas, desde os artesanatos populares até as artes clássicas e com predileção pela música e pela dança, sobre a inspiração e a criatividade, a riqueza material e todos os tipos de trocas e ganhos financeiros e, especialmente, sobre os excessos, os prazeres da carne e toda forma de sexualidade. Tal qual nos demais Reinos, podem atuar tanto sobre o crescimento e a valorização de suas regências, quanto sobre a destruição e o apagamento delas.

Assim como o Reino das Encruzilhadas, os excessos e a extrapolação dos limites têm relação direta com o Reino da Lira. Também por isso e dada a pluralidade dos seus domínios, que vão literalmente do luxo ao lixo, quando o Reino da Lira se apresenta numa consulta oracular é preciso investigar detalhadamente seus *Cruzamentos* e contextos. Afinal, um *Cruzamento* do Reino da Lira com o Reino das Matas pode, apenas a título de exemplo, indicar problemas com o uso de drogas e outros alucinógenos – ao *cruzar* pela segunda vez com a Lira ou com as Matas -, falta de libido por desequilíbrios hormonais – ao *cruzar* novamente os Cemitérios, - ou o crescimento financeiro – ao *cruzar* novamente com as Encruzilhadas. Esses são apenas algumas interpretações possíveis e a dinâmica dos *Cruzamentos* será explicada em capítulos adiante. O mais importante, por ora, é compreender que enquanto os demais Reinos atuarão mais especificamente sobre as subjetividades e dinâmicas simbólicas da vida, o Reino da Lira terá sua atuação especialmente ligada às questões materiais e objetivas do dia a dia e àquilo que o corpo pode consumir e usufruir, a fim de obter satisfação e prazer imediatos.

Em especial, são os Espíritos desse Reino que nos colocarão em tentação, a fim de que possamos conhecer e estabelecer os nossos próprios limites. Com isso, assim como viabilizam e favorecem, também podem atuar para esgotar as relações tóxicas e violentas, os vícios em drogas ou no jogo, a prostituição e a luxúria, os furtos e roubos de pequeno porte, as disputas políticas e os jogos de poder, as vendas e relações comerciais de todo o tipo, as jogatinas e a boa ou má sorte nas disputas e apostas, as conquistas amorosas e as decepções da confiança traída, a obtenção e a troca de favores e os dons mediúnicos e espirituais, principalmente quanto aos diversos tipos de oráculo existentes.

Curiosa, ainda, é a dinâmica que o Reino da Lira cria na interseção do excesso e da escassez através do Povo do Lixo. Afinal, e especialmente nos dias atuais, se para a maioria das pessoas tudo aquilo que lhes sobra ou não interessa mais pode ser simplesmente descartado e substituído, é desses restos que muitas outras pessoas sobrevivem e neles encontram suas riquezas.

Governantes

O Reino da Lira é governado por Exu Rei da Lira ou "das 7 Liras", erroneamente chamado em muitas vertentes de *Exu Lúcifer*, e Pombagira Rainha das Marias, também chamada Pombagira Rainha do Candomblé.

Aqui, duas observações importantes se fazem necessárias. A primeira delas diz respeito à Rainha "do Candomblé": a expressão "candomblé", aqui, não tem qualquer ligação com a religião Candomblé, de culto aos Orixás; ao contrário, é uma corruptela de *candombe*, palavra de origem quimbundo – idioma falado em Angola – e que se refere às danças praticada por escravizados no Período Colonial da América Latina.

A segunda observação, ainda mais importante, diz respeito ao uso do nome "Lúcifer" para denominar Exus, um equívoco histórico, mas amplamente difundido tanto na Quimbanda quanto na Umbanda. Do latim *lux ferre* – literalmente, portador da luz -, a palavra "lucifer", sem maiúscula, aparece nas Sagradas Escrituras apenas uma vez, em Isaías 14:4, como tradução da palavra hebraica הֵילֵל (hêlēl) - uma referência ao Rei Nabucodonosor da Babilônia, chamado *A Estrela da Manhã* ou *O Brilhante*. É só no Século IV, quando da tradução da Vulgata, a Bíblia em latim, feita por São Jerônimo, que essa expressão se associa ao anjo caído que desafiou a Deus e foi expulso do Paraíso, tonando-se o Diabo. A partir daí, maiores explicações sobre os motivos da associação do nome Lúcifer – portanto, o Diabo, senhor dos prazeres carnais - aos Exus se faz desnecessária; curiosamente, não é a Exu quem a tradução de São Jerônimo implica a relação com o Diabo por denominar-se "A Estrela da Manhã", mas ao próprio Jesus: "*Eu, Jesus, enviei o meu anjo para vos testificar estas coisas a favor das igrejas. Eu sou a raiz e a geração de Davi, a resplandecente estrela da manhã*" (Apocalipse, 22:16).

Entretanto, é importante que se diga: não existe, originalmente, um Exu chamado Lúcifer e, menos ainda, os Espíritos que se apresentam assim definitivamente não são o Anjo Caído bíblico! Esse erro, porém, é repetidamente aceito por inúmeros sacerdotes, seja por desconhecimento, seja por insistirem na manutenção do arquétipo diabólico associado a Exu.

OS POVOS DA LIRA

Os Povos de Exu que compõem o Reino da Lira e seus respectivos Chefes são:

1. Infernos   Exu dos Infernos
   Tem seu ponto de força nos locais de venda ou consumo de drogas e entorpecentes, no subsolo de outros locais de domínio do Reino da Lira, nas boates e clubes (não nos bares e botecos).

2. Cabarés   Exu do Cabaré
   Tem seu ponto de força no interior das casas de shows e de prostituição (ou em outros lugares em que isso se dê). As esquinas, ruas e portas desses locais, porém, são pontos de força dos Povos da Lira nos Reinos das Encruzilhadas e dos Cruzeiros, respectivamente.

3. Lira   Exu 7 Liras
   Tem seu ponto de força nas portas e no interior dos espaços dedicados às artes, à música e à dança, em museus, salas de ópera, teatros e casas de espetáculo (especialmente os clássicos) e nos pontos turísticos onde haja pouca ou nenhuma presença de vendedores ambulantes.

4. Ciganos[13] Exu Cigano
Tem seu ponto de força nos terrenos baldios próximos aos comércios e onde ocorram acampamentos ou comércios temporárias, nas estradas próximas aos demais locais do Reino da Lira, nos circos, nas feiras de arte popular e em todos os espaços efêmeros.

5. Malandros Exu Zé Pelintra
Tem seu ponto de força nos bares e botecos, nas casas de jogos e apostas, nas praças de grande circulação de pessoas ou com incidência de pequenos roubos e furtos, nos pontos turísticos onde haja jogatina e intensa presença de vendedores ambulantes, nas ruas que dão acesso aos "Infernos" e aos "Cabarés".

6. Oriente Exu Pagão / Exu do Oriente
Se as Almas do Oriente tiveram contato com tradições mágicas, especialmente as ligadas ao misticismo oriental, o Povo da Lira do Oriente são as que usaram dessas práticas para ganhar dinheiro com serviços espirituais e oraculares. Assim, têm seu ponto de força nas ruas onde haja cartomantes e videntes, nas feiras e lojas de artigos religiosos ou esotéricos.

7. Lixo Exu Ganga / Exu do Lixo
Tem seu ponto de força nas lixeiras, nos lixões, nos terrenos onde se descarta e acumula lixo, assim como nos ambientes onde morem pessoas em situação de rua e onde haja mendicância de toda espécie.

---

13 Não confundir o Povo dos Ciganos da Lira com os Espíritos cultuados na Linha do Oriente.

8. Luar   Exu Malé

Tem seu ponto de força nas ruas que dão acesso aos espaços de domínio de todos os Povos da Lira, à exceção dos "Infernos" e "Cabarés", em espaços abertos como coretos, chafarizes e fontes, playgrounds adultos e infantis, quadras de esporte e lazer, assim como sobre viadutos e pontes de acesso às cidades.

9. Comércio   Exu Chama Dinheiro

Tem seu ponto de força nas entradas e no interior de comércios, mercados, agências bancárias, casas lotéricas e todo tipo de local em que haja troca financeira, inclusive as feiras de rua.

Cores e Símbolos

As cores do Reino da Lira são o vermelho, o preto e o amarelo – ou o dourado –, intercaladas. Seu símbolo, uma harpa musical sobrepondo dois garfos cruzados na diagonal. Além desses, figuras como flores e corações, bem como linhas sinuosas mais alongadas que lembrem passos de dança num salão ou, ainda, traçados oblíquos tal qual cicatrizes (por ferimento de faca ou navalha), também se relacionam ao Reino da Lira.

Ervas

Boldo, Canela, Coentro, Cravo-da-Índia, Folha-de-Dólar, Girassol, Laranjeira, Louro, Manjerona, Oliveira, Parreira, Planta Jade, Planta-Dólar, Romã, Rosa Vermelha, Verbena.

Bebidas

Os Exus do Reino da Lira têm preferência pelas bebidas "de festa", ou seja: gin, whisky e conhaque, ainda que aceitem de bom grado a tradicional cachaça. As Pombagiras, por sua vez, têm predileção pelos licores – especialmente de anis, menta e morango -, vinhos brancos licorosos e os diversos coquetéis feitos deles, ou espumantes e sidras brancos de sabor suave e adocicado. A ambos, Exu e Pombagira, o absinto ganha predileção sobre quaisquer outras bebidas, ainda que sua oferta não seja comum dada a dificuldade em se encontrar essa bebida no Brasil.

Aos Malandros, sejam eles homens ou mulheres, a cerveja e a cachaça são certamente os favoritos, assim como os tradicionais drinques de boteco. Quando em momentos festivos, costumam experimentar bebidas mais refinadas, mas o popularesco é o que mais lhes apraz. Por sua vez, ao Povo Cigano, os vinhos doces de todos os tipos são sempre preferência, assim como os licores doces e, em alguns casos, o rum e a garapa alcoólica, dependendo dos fundamentos do Espírito.

Oferendas

LOCAL DE ENTREGA

O Reino da Lira tem seu ponto de energia em todos os locais de boemia, prostíbulos, bares, cabarés, casas de jogos, agências bancárias, comércios e mercados, parques e locais ao ar livre com grande circulação de pessoas. O local de entrega de suas oferendas, portanto, é definido de acordo com o Espírito ou Povo de Exu a que se oferenda.

FRENTE PARA OS EXUS DA LIRA

Numa bandeja forrada com folhas de mamona verde, arrumar uma porção generosa de *miãmiã* feito com farinha de mandioca, azeite-de-dendê, cachaça e mel. Cobrir a oferenda com pipoca branca e, sobre ela, arrumar uma laranja doce cortada em sete pedaços, sete botões de cravos vermelhos, sete charutos e sete moedas de valor corrente. Preparar um *opeté* de farinha de mandioca e água pintado com pemba amarela e colocá-lo no meio da oferenda.

FRENTE PARA AS POMBAGIRAS DA LIRA

Numa bandeja forrada com folhas de mamona verde, arrumar uma porção generosa de *miãmiã* feito com farinha de milho amarela, azeite-de-dendê, mel e espumante ou sidra brancos ou rosês ou, ainda, vinho licoroso ou de sobremesa. Cobrir a oferenda com pipoca branca adoçadas com açúcar e mel e, sobre elas, arrumar uma laranja doce cortada em sete pedaços, sete botões de flores do campo ou de rosas vermelhas, sete cigarros de filtro branco ou vermelhos (podendo intercalar os dois tipos num total de sete cigarros) e três ou sete ovos vermelhos, crus e batizados com azeite-de-dendê. Preparar um *padê* de farinha de milho amarela e água e colocá-lo no meio da oferenda.

FRENTE PARA A MALANDRAGEM

Numa bandeja forrada com folhas de mamona verde, arrumar uma porção generosa de *miãmiã* feito com farinha de mandioca, azeite-de-dendê, pimenta e cachaça (para Espíritos masculinos) ou mel e cerveja (para Espíritos femininos). Cobrir a oferenda com pipoca branca e, sobre ela, arrumar um preparado de "comida de boteco", como linguiça frita com cebola, sete ou vinte-e-um ovos de codorna cozidos e descascados. Preparar um *opeté* (para Espíritos masculinos) ou um *padê* (para Espíritos femininos) feito com farinha de mandioca e água pintado com pemba branca ou branca e vermelha e colocá-lo no meio da oferenda.

FRENTE PARA O POVO CIGANO

Em um tacho de metal ou num cesto de palha, arrumar sete tipos diferentes de frutas doces e de muitas sementes, uma garrafa de vinho tinto, uma de vinho rosê e outra de vinho branco, todos eles do tipo suave. Enfeitar com flores de todos os tipos, sete pães doces e pequenos, sete espigas de milho, ramos de trigo e fitas coloridas de sete cores diferentes, exceto preto. Em vez das frutas, outra opção é preparar um tabuleiro com no mínimo sete tipos de grãos crus diferentes, enfeitando com os demais ingredientes.

7 - REINO DAS PRAIAS

Tal qual a correnteza de um rio que, ao avançar sobre as pedras, desvia, mas não interrompe o seu curso, assim também é nosso dia a dia e não há feitiço no mundo capaz de nos livrar dos desafios do destino. Resta-nos, então, observar as marés e perceber que, se as cheias permitem às embarcações alcançar os destinos mais longínquos, quando baixam, exigem recolhimento e retidão, e assim também será a nossa jornada pela vida. À beiramar ou no alto de uma cachoeira, olhando para o horizonte onde se põe o Sol, a única certeza é a de que há mais mistérios no universo do que será humanamente possível desvendar. Quem é capaz de, mergulhando até as profundezas, revelar os segredos do oceano e do coração dos homens? Sem resposta, nos cabe imaginar o que pode haver em tamanha imensidão, na esperança de um dia poder conhecê-la. Assim, enquanto as Encruzilhadas abrem a Quimbanda e dão início ao movimento transformador de Exu, as águas da Praia *fecham a gira*[14], mas não a encerram, afinal, logo mais, um novo navio há de zarpar.

Significados e atuação mágica

Tanto pelo simbolismo do vai e vem das ondas do mar e do movimento constante dos cursos dos rios e riachos, quanto pela objetividade em conectar suas margens, qualquer que seja a distância entre elas, o Reino das Praias se relaciona diretamente com os movimentos de ordem material, com as viagens e mudanças físicas e geográficas, com os intercâmbios culturais e comerciais e com a aproximação e o distanciamento entre coisas, lugares e pessoas. Com isso, muitas vezes os feitiços com os Espíritos do Reino das Praias são usados ou como preparação ou como complemento aos feitiços de outros Reinos. Um exemplo prático são os trabalhos de união amorosa para duas pessoas que não tenham rotinas ou cotidianos em comum: é através do Reino da Lira que se aumentará a libido e a atração sexual entre

---

[14] Expressão que designa as sessões de Umbanda e Quimbanda

as partes, assim como é através do Reino das Almas que se transformarão os sentimentos carnais em amor; porém, tudo isso só será possível se, com o Reino da Praia, propiciarmos a aproximação entre elas, se os seus caminhos se cruzarem, quer seja no emprego, na faculdade ou nos ambientes de lazer. Aqui, mais uma vez, entra em xeque a questão dos *Cruzamentos* entre os Reinos: a depender da orientação do Espírito ou do oráculo, o caso em exemplo poderá exigir que sejam feitos três feitiços diferentes e em tempos separados, ou um feitiço único com ingredientes e Espíritos *cruzados* nos Reinos da Praia, Lira e Almas.

Outro significado importante e campo de atuação dos Espíritos do Reino das Praias são os movimentos das marés e os ciclos lunares. Assim, quando este Reino se apresenta numa consulta, é preciso compreender se a situação sobre a qual se pergunta é uma *condição* ou um *momento*. Somente a partir da diferenciação entre um e outro aspecto é que poderemos aconselhar e agir na solução do problema. Sendo uma *condição*, a questão que se apresenta está determinada e definida, pelo que buscaremos as orientações e magias do Reino dos Cruzeiros para sua transformação. Por outro lado, sendo um *momento*, a situação em voga é, portanto, temporária e, tal qual a maré baixa irremediavelmente há de subir, também o problema em questão encontrará solução. Aqui cabe, mais uma vez, lembrar da dualidade típica de Exu e Pombagira e, com isso, perceber que as marés altas também, invariavelmente, baixarão. Assim, a situação em consulta e os feitiços desse Reino poderão atuar tanto para fazer crescer quanto para fazer minguar, tanto para atrair quanto para afastar, tanto para solucionar quanto para atrapalhar.

Da mesma maneira, é a partir das regências do Reino das Praias que podemos colocar nossas ambições e desejos em perspectiva: *"quão longe está o ponto onde quero chegar?"*, perguntamos; *"tão perto quanto se dispuser a buscar!"*, respondem seus Espíritos. Poética, a frase anterior reforça duas verdades já discutidas anteriormente e diretamente ligadas aos simbolismos desse Reino. A primeira é que nossas vitórias são proporcionais à intensidade dos esforços e energias aplicados em sua busca e ao quanto nos dispomos a investir e sacrificar para conquistá-las – financeira, mas em especial, energética e emocionalmente. Magia é troca e, assim, não se pode esperar resultados grandiosos se, de nossa parte, oferecermos mesquinhez, preguiça ou desdém. A segunda é que a magia existe e funciona, mas opera sobre os limites do real. Portanto, ainda que seja possível modificar a realidade com feitiços e rituais, seus resultados estão intrinsecamente ligados aos limites da realidade de quem os solicita (por exemplo, um funcionário público concursado não pode esperar promoções como resultado de feitiços sem que haja oportunidades internas no órgão onde trabalha, assim como alguém em litígio judicial não pode esperar que feitiços modifiquem as leis, mas sim influenciem suas aplicações e interpretações) e, também, de quem os realiza - afinal, *só se dá aquilo que se tem.*

Governantes

O Reino das Praias, também chamado Reino da Calunga Grande, é governado por Exu Rei das 7 Praias, ou simplesmente Exu Rei da Praia, e Pombagira Rainha da Praia.

Os Povos das Praias

Os Povos de Exu que compõem o Reino das Praias e seus respectivos Chefes são:

1. Rios   Exu dos Rios

   Tem seu ponto de força na beira de rios e córregos de água, doce ou salgada, e, dependendo do caso, na beira dos córregos de água da chuva ou de esgotos que levam aos rios ou ao mar.

2. Cachoeiras   Exu das Cachoeiras

   Tem seu ponto de força nas quedas d'água de qualquer porte, sejam grandes cachoeiras ou pequenas cascatas, especialmente no ponto em que a água encontra a terra ou as pedras.

3. Pedreira   Exu da Pedra Preta

   O nome "Pedreira" pode gerar confusão, afinal as pedreiras de exploração são domínio do Povo das Minas, no Reino das Matas. Por sua vez, as Pedreiras da Praia têm seu ponto de força nas pedras que formam a encosta de rios e mares.

4. Marinheiros   Exu Marinheiro

   Tem seu ponto de força nos trapiches e mirantes sobre as águas, no casco das embarcações de qualquer porte e em construções onde há faróis e faroletes.

   <u>Importante:</u> à exceção de todos os outros Povos do Reino da Praia, o ponto de força do Povo dos Marinhos é sempre <u>próximo</u> à água, mas <u>nunca</u> onde ela possa bater, visto o medo de afogamento comum aos "Homens do Mar".

5. Lodo Exu do Lodo
Tem seu ponto de força em todos os locais de água parada e barrenta ou lodosa, nos pântanos e mangues, no fundo dos poços e nos lodos que se formam nas ruas urbanas ou rurais depois das chuvas.

6. Mar Exu Maré[15]
Tem seu ponto de força dentro das águas do mar, principalmente nas ondas da praia, antes do "alto mar" e das rotas de navegação.

7. Baianos Exu Baiano
Assim como os Malandros se tornaram um Povo da Lira, a falange dos Baianos, comumente cultuada na Umbanda e na Jurema, se tornou um Povo da Praia. Tem seu ponto de força nos coqueiros e palmeiras à beira da praia.

8. Ventos Exu dos Ventos
Tem seu ponto de força no alto das dunas e dos montes próximos a rios e riachos, no topo das cachoeiras, no alto dos faróis e faroletes ou, ainda, na costa marítima em que as ventanias sejam constantes e intensas.

9. Ilha Exu do Coco
Tem seu ponto de força nas ilhas e ilhotas naturais de rios e mares, com ou sem vegetação ou urbanização, e nas formações de corais e arrecifes que apareçam acima da linha d'água.

---

15 Não confundir com o Orixá Oxumarê

Cores e Símbolos

As cores do Reino das Praias são o vermelho, o preto e o azul escuro, intercaladas. Seu símbolo, uma âncora sobrepondo dois tridentes cruzados na diagonal e coroada por três ondas. Em alguns casos, outros símbolos navais como traços sinuosos representando os nós-de-corda, por exemplo, assim como lanças e arpões de pesca, a Lua e as estrelas (vez que podem ser vistas à beira-mar), ou linhas sinuosas que lembrem ondas do mar ou a fluidez das águas também representam o Reino das Praias.

Ervas

Alecrim, Alfavaca, Caruru, Heliotrópio, Hibisco, Lavanda, Manjericão, Papoula, Parreira, Rosas, Sálvia.

Bebidas

Os Exus do Reino da Praia recebem cachaça, rum e cerveja ou chopp com muita espuma, que lembra o mar. Às Pombagiras, licor de anis, espumantes ou sidras brancas *demi-sec* ou cerveja, pelo mesmo simbolismo com o mar próprio aos Exus.

Oferendas

LOCAL DE ENTREGA

O Reino das Praias tem seu ponto de energia nas areias e dunas que margeiam mares, lagos, rios e riachos, nas pedreiras e minas d'água e em todos os lugares próximos à água doce ou salgada. O local de entrega de suas oferendas, portanto, é definido de acordo com o Espírito ou Povo de Exu a que se oferenda.

FRENTE PARA OS EXUS DA PRAIA

Numa bandeja forrada com folhas de mamona verde, arrumar uma porção generosa de milho de galinha torrado claro ou médio, misturado com alguns grãos de feijão preto torrado. Cobrir a oferenda com pipoca branca e, sobre ela, arrumar um, três ou sete peixes inteiros e frescos, tipo Sardinha ou Manjuba, e a mesma quantidade de conchas do mar. Preparar um *opeté* de farinha de mandioca e água pintado com pemba azul e colocá-lo no meio da oferenda.

FRENTE PARA AS POMBAGIRAS DA PRAIA

Numa bandeja forrada com folhas de mamona verde, arrumar um *miãmiã* de farinha de mandioca e cerveja ou vinho branco. Cobrir a oferenda com pipoca doce e, sobre ela, arrumar um, três ou sete peixes inteiros e frescos, tipo Sardinha ou Manjuba, e a mesma quantidade de ovos brancos crus batizados com azeite-de-dendê. Preparar um *padê* de farinha de mandioca e água pintado com pemba azul e colocá-lo no meio da oferenda.

OS CRUZAMENTOS ENTRE OS REINOS

Os *Cruzamentos* entre os Reinos e Povos da Quimbanda talvez seja o conceito mais difícil de se compreender ou explicar completamente. Isso porque, como a própria palavra define, tratam das interseções entre um e outro campo de atuação, tanto no que se refere aos seus potenciais mágicos e espirituais, quanto a seus simbolismos e subjetividades. Assim, grosso modo, os *Cruzamentos* são a possibilidade que alguns Espíritos têm de atuar em mais de um ponto de força simultaneamente ou, ainda, de interrelacionar as energias de diversos Reinos e Povos num único feitiço.

São esses *Cruzamentos*, também, que identificarão e explicarão as características individuais de cada Espírito. Assim, por exemplo, os diversos "Tranca-Ruas", ainda que obviamente relacionados ao Reino das Encruzilhadas e mesmo que carreguem o mesmo nome, terão fundamentos e assentamentos distintos entre si e atuarão de forma diferente nos seus trabalhos mágicos e espirituais, podendo se apresentar como "Tranca-Ruas das Almas" (*Cruzamento* entre o Povo da Encruzilhada da Rua com o Povo das Almas da Lomba), "Tranca-Ruas de Embaré" (*Cruzamento* entre o Povo da Encruzilhada da Rua com o Povo da Lira, com o Povo da Malandragem ou, ainda, com o Povo das Árvores), "Tranca-Ruas das 7 Encruzilhadas" (sem *Cruzamento*, um Exu "puro" do Povo da Encruzilhada da Rua) ou outros.

Tão complexo quanto isso é o fato de muitas entidades *cruzarem* com mais de dois Reinos e Povos, o que pode tanto multiplicar os possíveis caminhos e desdobramentos de suas magias, quanto restringi-las. Um exemplo de multiplicação desses caminhos a partir dos *Cruzamentos* de um Espírito é a Pombagira "Cigana da Estrada", que pertence originalmente ao Povo dos Ciganos da Lira (atuando nas feiras populares, circos e comércios efêmeros), e pelo sufixo "da Estrada" demonstra que *cruza* inicialmente com o Povo dos Cruzeiros de Rua (atuando nos prolongamentos das vias que ligam uma e outra cidade). Porém, com este primeiro *cruzamento*, estando o Reino dos Cruzeiros intimamente ligado ao Reino das Almas e tendo ela, por ser "Cigana", relação indireta com todos os Povos do Oriente, atuará e responderá também no Povo das Almas do Oriente, podendo trabalhar e receber oferendas nos altos dos morros e montanhas ou nos templos religiosos de tradições orientais. Por outro lado, um exemplo de restrição ou afunilamento desses caminhos é a Pombagira "Maria Padilha do Cruzeiro das Almas da Calunga", que mesmo pertencendo inicialmente ao Reino dos Cruzeiros e tendo um primeiro *Cruzamento* com o Reino das Almas, seu nome continua a defini-la como "...da Calunga", ou seja, atuará e receberá suas oferendas e feitiços especificamente na Cruz Maior dentro dos Cemitérios, e não em qualquer outro.

Esse último exemplo faz lembrar de outro, a Pombagira "Menina da Praia", e chama a atenção para a necessidade de conhecer em detalhes os nomes e campos de atuação de cada um dos 63 Povos de Exu. Isso porque muitos deles, especialmente os do Reino das Encruzilhadas e do Reino dos Cruzeiros, já têm *Cruzamentos* em si mesmos, sendo automaticamente *cruzados* com outros Reinos e Povos a partir de sua origem. Assim, numa leitura rasa, seria natural pensar que Pombagira Menina da Praia pertencesse originalmente ao Reino da Praia, o que não é verdade, ainda que obviamente ela atue nesse campo de força. A verdade, porém, é que Pombagira Menina da Praia é "pura" e pertence unicamente ao Povo das Encruzilhadas da Praia, afinal, o Chefe desse Povo é Exu Mirim e sua consorte simbólica, Pombagira Menina. Nesse caso, não é o Espírito que tem este ou aquele *Cruzamento*, mas sim o Povo a que ele pertence.

Essas singularidades, multiplicidades ou restrições determinadas pelos *Cruzamentos,* sejam eles entre os Povos ou os específicos de cada Espírito, também refletirá, ainda, na formação e interpretação de seus *pontos riscados.* Assim, ainda que muitos tentem reduzir os *Cruzamentos* de Exu e Pombagira a listas e tabelas de supostas "qualidades de Exu" pré-definidas, a verdade é que isso não existe e que as individualidades dos Espíritos são inumeráveis, assim como são as nossas, humanos encarnados.

Da mesma maneira, é somente a partir do conhecimento desses intercâmbios mágicos e simbólicos que a leitura e a interpretação dos búzios de Exu numa consulta com a Mesa Imperial serão verdadeiramente eficientes. Nós ainda vamos aprender isso em mais detalhes, mas a título de exemplo simples, imagine a seguinte situação: um jovem recém-saído do ensino médio vem consultar para saber sobre seu futuro profissional. Numa das jogadas, caem dois búzios *abertos*, portanto, responde o Reino dos Cruzeiros. Apresentando-se em seu aspecto negativo, este Reino fala das dificuldades e obstáculos nos caminhos, impedindo que se possa dar seguimento ao movimento pretendido. Mas... *Que movimento é esse e sobre qual área da vida essa leitura se refere?* Ao fazermos a interpretação da Imperial de Exu, um dos dois búzios *abertos* aponta para o Reino da Praia (viagens e mudanças geográficas) e o outro para o Reino da Lira (artes, estudos e aprimoramento intelectual). Assim, chegamos à conclusão de que o consulente está enfrentando dificuldades para colocar em prática (*Reino dos Cruzeiros*) o seu plano de mudança/viagem (*Reino da Praia*) ao exterior, onde pretende fazer um curso (*Reino da Lira*) de especialização ou intercâmbio (*Reino da Lira* + *Reino da Praia*).

De uma forma ou de outra, a explicação dos problemas surgiria na consulta, fosse através de perguntas feitas ao oráculo, fosse por meio de perguntas direcionadas a quem nos consulta.

Ainda assim, ao conhecer os significados dos Reinos e Povos de Quimbanda e compreender as dinâmicas de seus *Cruzamentos*, somos capazes de melhor interpretar as respostas dadas pelos oráculos e, tão importante quanto isso, melhor identificarmos os tipos de trabalhos espirituais que nos levarão a alcançar os objetivos pretendidos, assim como determinar quais Espíritos deverão ser invocados e oferendados para isso.

Para facilitar, a lista a seguir traz algumas palavras-chave sobre o significado de cada Reino. A partir delas e dos nomes de cada Povo de Quimbanda, você pode começar a contextualizar e compreender os *Cruzamentos* de Exu e Pombagira:

- **Encruzilhadas:** abertura, início, nascimento, crescimento, fechamento, trancamento, aprisionamento, chaves, fechaduras, cadeados, correntes, rua, estrada, arma, espada;

- **Cruzeiros:** transformação, transmutação, continuação (*material / física*), aceleração, movimento, interrupção, quebra, estagnação, enfraquecimento, cruz, porta, portão, passagem;

- **Matas:** cura, doença, remédio, veneno, selvageria, caça, mistério, névoa, direcionamento, segredos, lanças, flechas, alucinógenos, plantação, colheita, escassez;

- **Cemitérios:** equilíbrio, harmonia, lembrança, tranquilidade, término, encerramento, passagem do tempo, inércia, estagnação, morte, saudade, tristeza, sofrimento, choro, esquecimento;

- **Almas:** eternidade, continuação (*simbólica*), iluminação, fé, altares, espiritualidade, sentimentos, sustento, alimentação, solidão, desespero, loucura, igrejas;

- **Lira:** comércio, dinheiro, vendas, movimento (*comercial*), prazer, sexo, amor, sedução, música, festas, roubo, traição, pobreza, miséria, drogas (*ilícitas*), vícios;

- **Linha do Oriente:** moedas, carruagens, oráculos, boa sorte, peregrinação, andarilhos, fatura, abundância, felicidade, amor, futuro, esoterismo, sonhos proféticos, perfumes;

- **Malandros:** jogatinas, trapaças, boa sorte, jogos de azar, polícia, fuga, cadeia, delegacia, resiliência, bares e botecos, capoeira, samba, divertimento, desvios;

- **Praia:** viagens, reequilíbrio, descanso, retorno, fluidez, continuidade, repetição, esforço, dedicação, relaxamento, idas e vindas, altos e baixos, isolamento.

QUER APRENDER MAIS SOBRE EXU E POMBAGIRA, SEUS CRUZAMENTOS, MAGIAS, FUNDAMENTOS E ENCANTAMENTOS?

Acesse o QR-Code ao lado e faça agora mesmo o seu pré-cadastro para participar dos **cursos e workshops** sobre os **Reinos da Quimbanda e os mistérios de Exu e Pombagira!** Você será avisado por e-mail e WhatsApp sempre que uma nova turma começar e poderá participar online ou presencialmente!

Acesse e faça já o seu cadastro!
diegodeoxossi.com.br/workshop-reinos-de-quimbanda

Os Búzios de Exu

Quem já jogou búzios comigo costuma dizer que meus atendimentos parecem mais uma sessão de terapia do que efetivamente uma consulta sobre o futuro, e eu tenho um orgulho imenso disso. Afinal, falar sobre o futuro é muito fácil! Da parte de quem joga, basta ter um pouco de perspicácia para perceber o arquétipo de quem vem consultar e, com isso, compreender como essa pessoa pensa, age e reage diante das situações cotidianas. A partir daí, se tiver um mínimo de bagagem emocional e experiência de vida, bastará contextualizar o arquétipo de seu consulente frente às situações trazidas por ele à mesa de jogo e facilmente poderá inferir como essa ou aquela situação transcorrerá dali a frente. Tão fácil quanto isso é perceber quais são os sonhos e desejos da pessoa à sua frente e, por não saber ler o oráculo corretamente ou por desonestidade, simplesmente alimentar suas expectativas dizendo o que a pessoa quer ouvir.

Já da parte de quem consulta, tão fácil quanto ouvir seu futuro previsto é acreditar que todo e qualquer desafio ou dificuldade da vida se deve às demandas espirituais que lhe fizeram, como se a cada passo dado alguém estivesse à espreita para lhe atacar. Sim, é verdade que a magia existe e que o feitiço funciona.

Da mesma maneira, também é verdade que nossos desafetos, muitas vezes, recorrem a eles para atrapalhar nossos caminhos.

Mas, acima de tudo, a vida e o mundo real são repletos de perigos, desafios e provocações. A bem da verdade, a maioria das pessoas não está pensando em você agora, muito menos está disposta a gastar tempo e dinheiro para lhe prejudicar. Mas se conseguirem convencê-lo de que você não tem qualquer responsabilidade sobre as coisas ruins que lhe acontecem, está tudo bem!

Bastará, então, desembolsar um bom dinheiro e os banhos, afoxés, sacudimentos e magias, se não tirarem o feitiço inexistente, ao menos tiram o peso da sua consciência, não é mesmo?

Difícil mesmo - e para isso é preciso ter conhecimento, ter fundamento e, tão importante quanto, ter o dom -, é compreender o que aquelas 4, 7, 12 ou 16 conchas mostram, ouvir o que dizem sem palavras e reconhecer suas sutilezas para, verdadeiramente, desvendar a alma e as angústias de alguém sem que ela precise dizer muita coisa. Difícil mesmo é ouvir muito além do que as palavras dizem e, assim, perceber nos silêncios a origem do que faz com que a pessoa à minha frente tome essas ou aquelas decisões.

Quais suas motivações? Quais suas frustrações?
O que deseja? E, ao mesmo tempo, a que se propõe?
Do que se defende? E por que se põe em posição de ataque?

Por que ela segue se punindo inconscientemente,
repetidamente escolhendo "errado",
mesmo sabendo onde a história vai terminar?

E, em especial, o que lhe impede de reconhecer tudo isso, assumir a responsabilidade pelas suas escolhas e, a partir daí, mudar?

É ao responder essas perguntas para mim mesmo antes de responder às perguntas de um consulente que a mágica acontece! Compreender profundamente a situação presente de uma pessoa, saber escolher e usar as palavras mais corretas para levá-la à reflexão e à compreensão de si, guiá-la por sobre as emoções e sentimentos mais escondidos em seu interior e, sem influenciar ou decidir por ela, fortalecê-la para que seja capaz de escolher os novos caminhos que deseja trilhar, percebendo-se capaz de transformar a si própria: essa é a verdadeira missão de um sacerdote.

Na condição sacerdotal, quando nos propomos a cuidar do outro, precisamos reconhecer que, acima de tudo, "os outros são muitos". Plurais. Distintos. Individuais. Assim, seria impossível definir a eles e às suas vidas de forma verdadeira e profunda simplesmente repetindo frases prontas de um curso de oráculo, do tipo "*caída um é doença, caída dois é traição, caída três é viagem a trabalho, caída quatro é paixão*".

Essa missão, porém, não se aprende do dia pra noite. Não é rápida, não é simples, e muito menos fácil. E nem deveria ser! Não é à toa, por exemplo, que nas tradições de Orixá existem 256 diferentes combinações de Odus – os Caminhos do Destino -, cada um deles com centenas de mitos e conselhos variados, que exigem no mínimo 21 anos de estudo e prática sacerdotal para que alguém possa verdadeiramente se dizer *Babalawo – o detentor do Segredo*. Da mesma maneira, os 7 Reinos e os

63 Povos da Quimbanda se *cruzam* e intercambiam entre si, formando centenas de milhares de possíveis realidades, que somente um sacerdote com experiência na religião e na vida será capaz de compreender, interpretar e orientar.

Essa jornada, porém, precisa começar de algum lugar e é a esse começo que este livro se propõe. Sinceramente, eu desejo, mas não espero que você termine de ler **Os Reinos da Quimbanda e os Búzios de Exu** e, no dia seguinte, sinta-se seguro para atender e aconselhar outras pessoas. Da mesma maneira, eu não confio e não recomendo buscar orientação com aqueles que, depois de poucas horas de curso ao vivo ou online, pretensamente anunciam seus "serviços" nas redes sociais.

Assim, se você nunca atendeu outras pessoas com outros oráculos ou, ainda, não tem experiência sacerdotal, dedique mais tempo a si mesmo e à sua relação com Exu e Pombagira antes de assumir o compromisso sobre a vida de outras pessoas. Leia o livro inteiro, se permita absorver seus ensinamentos... Depois, leia novamente, dedicando maior atenção a cada capítulo. Por fim, comece aos poucos: jogue para si, para membros da família ou amigos íntimos. Peça que lhe deem *feedbacks* tanto sobre a sua maneira de atender quanto sobre as respostas e resultados obtidos. E, se nesse processo, você sentir que Exu e Pombagira são o caminho ao qual você deseja dedicar a sua vida e a sua fé, busque um sacerdote ou sacerdotisa confiável para lhe iniciar, ensinar e guiar nessa jornada.

Acredite: **absolutamente todos** os pais e mães-de-santo ou zeladores de Umbanda e Quimbanda sérios e responsáveis começaram assim. Os que afirmam o contrário, ou não conhecem a vida sacerdotal, ou a conhecem e propositadamente mentem para arrebanhar seguidores e clientes. De ambos, meu melhor conselho é tomar distância. Cada cabeça, uma sentença. Cada vida, um caminho. Pra onde você está levando a sua?

ÉTICA SACERDOTAL

O texto que abre este capítulo foi publicado pela primeira vez no meu perfil do Instagram e do Facebook, numa versão ligeiramente mais curta, mas com a mesma mensagem básica: **previsões de futuro não existem!** Felizmente, muitas pessoas que interagiram comigo naquela postagem compreenderam o que eu tentava dizer. Outras, porém, se puseram a discordar.

Algumas diziam que acreditavam sim que um oráculo pode prever o futuro, mas que *"tudo pode mudar de repente,* pois depende da energia do momento", o que não faz o menor sentido! Ora, se um oráculo pode mesmo prever o futuro, deveria ser capaz, também, de prever a tal mudança das energias e, com isso, trazer a resposta correta sobre o que vem depois delas!

Outras, ainda, afirmavam que "o tempo não é linear e os oráculos têm a função de orientar *para que tudo ocorra como é visto no jogo",* o que até faz algum sentido. Aliás, à parte de "o tempo não é linear", eu concordo com essa resposta. Porém, é importante compreender que o máximo de "futuro" que uma consulta oracular pode prever é, na verdade, uma avaliação de possibilidades e acontece mais ou menos assim: fulano está vivendo uma situação X, à qual o oráculo responde que se não fizer nada para mudar, deixando as circunstâncias da vida seguirem seu curso, o desfecho da situação será Y. Mas, se tomar a atitude Z, o desfecho será B. E se tomar a atitude C, o desfecho será D. Ou seja, o que acontece nesse caso não é exatamente "previsão", não é determinista. Ao contrário, quando bem utilizada, essa é uma das principais funções de um oráculo: aconselhar sobre as possibilidades de caminhos de mudança para que possamos escolher os passos que queremos trilhar (ou, até mesmo, escolher não trilhar nenhum deles e deixar as coisas como estão).

O argumento mais grave, porém, foi que "a palavra previsão é diferente de precisão, e *o que se prevê não necessariamente vai acontecer, é só uma possibilidade*". Ora, o ponto mais sensível imposto a quem se propõe a ler um oráculo é aprender a lidar com as expectativas de quem o procura e, ainda assim, manter-se fiel às respostas dadas pelo jogo! Um sacerdote ou oraculista sérios, que se propõem a orientar a vida de outras pessoas de maneira verdadeira e profunda, não podem se dar ao luxo e nem mesmo têm o direito de dizer que "*não erraram nas suas previsões, a energia é que mudou*". Ao contrário, um sacerdote ou um oraculista sérios têm a obrigação de serem honestos, inclusive e especialmente na hora de responderem "eu não sei" ou "eu não vejo" às perguntas de quem lhes consulta. Uma consulta oracular deve sim ser precisa, inclusive e especialmente na hora de trazer o consulente à reflexão sobre sua parcela de responsabilidade naquilo que lhe aflige, na hora de dizer a ele aquilo que não quer ouvir e, tão importante quanto isso, quando o oráculo responde negativamente às suas expectativas.

Tudo isso é uma questão de ética sacerdotal, que precisa ser adotada desde já, quer você seja sacerdote titulado em alguma religião ou não. Afinal, do momento em que você se propõe a ouvir as confidências e segredos de alguém e, servindo de interlocutor entre o mundo físico e a espiritualidade, orientar sobre os caminhos a seguir e as decisões a tomar, você se coloca numa posição sacerdotal, mesmo que temporariamente. Assim, ao menos nesse momento, é urgente assumir o compromisso de manter-se ético, honesto e responsável por aquilo que vê, interpreta e diz. Uma vez nessa posição, perde-se o direito de "achar" e assume-se a obrigação de "ter certeza", afinal, quem "acha" simplesmente dá uma opinião, um palpite, sem responsabilidade sobre as consequências que poderão vir a partir do seu "achismo".

Essa situação não é diferente de quando um médium se propõe a trabalhar numa *gira* atendendo às pessoas. Ali, no momento sagrado da consulta, independentemente se a sua incorporação é consciente, semiconsciente ou inconsciente, o médium não tem o direito de "achar" ou de influenciar em nada e, se isso acontece, é porque lhe falta desenvolvimento mediúnico, não interessa quantos anos de prática ele possa ter!

Falar sobre todos os pontos relacionados à ética sacerdotal e às maneiras de lidar com as situações trazidas pelos consulentes daria um livro inteiro só sobre o assunto. Alguns pontos, porém, são fundamentais e é sobre eles que tratam os capítulos a seguir. Ao pensar sobre eles, faça um exercício: ao invés de se perceber na condição de quem lê o oráculo, tente se colocar na de quem busca a consulta, imaginando como você se sentiria se o seu atendimento fosse feito diferente do que é proposto aqui.

Sigilo

Um sacerdote não escolhe as pessoas que vão lhe procurar, muito menos escolhe quais os problemas, dúvidas, angústias e desafios essas pessoas estão enfrentando. Da mesma maneira, quem procura um sacerdote, na maioria das vezes deposita nele confiança irrestrita, pois o enxerga como um intermediador da sua relação com o Sagrado. Com isso, abre seu coração e traz à tona intimidades e segredos sobre sua vida e suas escolhas que devem ser mantidos em absoluto sigilo.

Assim, os nomes das pessoas a quem se atende, os assuntos tratados por ela, o nome de outras pessoas que surjam durante o atendimento, os segredos que ela compartilha e os conselhos que são dados na consulta não devem ser contados a ninguém, nem mesmo à sua esposa ou marido, ao seu melhor amigo ou aos membros do seu terreiro. Desde o momento em que se agenda o atendimento de alguém até que se encerre a consulta ou que se façam os rituais indicados nela, cria-se uma relação de cumplicidade absoluta entre você, a pessoa que o procura e os Espíritos que cuidarão dos problemas em questão. Ferir esse sigilo, portanto, não é apenas trair a confiança de quem lhe procura, mas especialmente, trair a confiança dos Espíritos.

Ainda assim, é possível que ocorram situações em que você queira ou precise usar os casos de atendimento como exemplo, como numa situação semelhante em atendimento a outro consulente, por exemplo, ou em palestras e textos que produza sobre os temas oraculares. Nesses casos, os contextos gerais e narrativas amplas podem ser abertos ao público, desde que sejam tomadas todas as precauções a fim de que seja impossível obter qualquer tipo de especificidade sobre as pessoas. Esse é o ponto-chave em relação à quebra do sigilo sacerdotal: nomes, lugares ou quaisquer aspectos específicos devem ser resguardados de maneira que qualquer pessoa, a qualquer tempo, seja incapaz de identificar de quem ou sobre o que se fala. Nesse sentido, as únicas exceções admissíveis à quebra desse sigilo são as descritas a seguir, cabendo ao sacerdote decidir se tomará outras atitudes sobre a situação, em que pese a busca pelo menor prejuízo:

- Situações em que a pessoa confidencie a intenção real de cometer um crime contra a vida de terceiros, situação em que o sacerdote pode denunciar o caso às autoridades competentes, desde que tenha as provas necessárias para isso;
- Situações em que a pessoa confidencie cometer violência doméstica em curso, negligência ou abuso de incapazes;

  Importante: essa exceção só se aplica quando é o consulente quem comete os abusos; nos casos em que é ele quem os sofre, o sacerdote deve limitar-se a orientar sobre as possíveis tomadas de decisão – dentre elas as denúncias legais cabíveis – e, a cada contexto, realizar os rituais indicados na consulta;

- Situações em que a pessoa dá indícios ou confidencia fazer mal a si mesma ou atentar contra a própria vida, ao que o sacerdote deve orientar a necessidade de auxílio psicoterapêutico e, a depender de cada caso, comunicar a família ou cônjuge do consulente sobre a situação.

Imparcialidade

Da mesma maneira que um sacerdote tem por obrigação ética manter o sigilo de tudo o que é tratado em suas consultas, também é obrigação ética manter a imparcialidade sobre as situações e decisões que surgem numa consulta. Em especial, duas situações costumam acontecer e exigem, mais que em qualquer outra, a manutenção dessa imparcialidade ético-sacerdotal.

A primeira diz respeito ao próprio sacerdote, que obviamente é tão humano quanto qualquer um e, assim, tem opiniões e compreensões pessoais sobre aquilo que é tratado entre eles. Porém, uma relação sacerdote-consulente não tem caráter profano e, por isso, é exigência ética que o sacerdote não apresente opiniões nem permita que elas interfiram na interpretação ou orientação dada a quem o procura. No papel de sacerdotes, somos unicamente intermediadores das relações com o Sagrado e, portanto, não nos cabe fazer qualquer tipo de julgamento de valor sobre o que é trazido à consulta. Assim, devemos nos limitar a orientar e aconselhar exclusivamente a partir das mensagens e contextos apresentados pelas mensagens do oráculo. Do contrário, assim como em relação ao sigilo sacerdotal, estaríamos ferindo não só a relação de confiança que se estabelece durante a sessão de jogo, mas, especialmente, a relação com os Espíritos — afinal, são eles quem dão as orientações.

Outra situação bastante recorrente diz respeito ao consulente, que, muitas vezes, não quer ou não consegue tomar decisões sobre as situações expostas, tentando insistentemente transferir a responsabilidade delas ou ao sacerdote ou ao próprio oráculo. Esses casos podem ser facilmente identificados quando ouvimos as perguntas "*O que eu faço?*", "*O que você faria?*" ou outras semelhantes. Nessas situações, por mais insistente que a pessoa possa ser, cabe ao sacerdote explicar quantas vezes forem necessárias que as decisões e escolhas devem ser tomadas unicamente por ela mesma, a partir das orientações do jogo. Do contrário, ao respondermos "*o que faríamos*" ou "*o que fazer*", estaríamos, inevitavelmente, incorrendo em juízo de valor sobre a questão e ferindo, mais uma vez, a confiança dos Espíritos.

A propósito, uma questão sensível sobre as orientações dadas aos consulentes se faz necessária: em qualquer contexto de consulta, mais do que ferir a confiança de quem nos consulta ou a dos Espíritos, o sacerdote que responde objetivamente sobre *o que fazer* e justifica que esse tipo de resposta foi "vista no jogo" ou "dada pelos Espíritos" **está mentindo!** Afinal, em todo e qualquer oráculo não existe uma interpretação sequer que *determine* o que deve ser feito, senão orientar e aconselhar, levando o consulente à reflexão e à decisão individual, pelo que deverá assumir as consequências e usufruir seus ônus ou bônus.

LIMITES ÉTICOS NA REALIZAÇÃO DE FEITIÇOS

Assim como as mensagens obtidas no oráculo são *orientações*, a recomendação de quaisquer trabalhos espirituais são *sugestões* ao consulente. Portanto, enquanto eticamente o sacerdote se obriga a não indicar quaisquer feitiços como uma *imposição*, a imparcialidade não lhe exige amoralidade, nem lhe obriga a ferir sua ética pessoal para a realização desse ou daquele feitiço. Com isso não digo, absolutamente, que haja qualquer limite ético ou moral por parte dos Espíritos em realizar quaisquer tipos de feitiços – sejam eles para fins positivos ou com finalidade de ataque. Muito pelo contrário: em cada situação, a cada contexto, o bem de um poderá ser o mal de outro. Porém, mesmo que em consulta os Espíritos orientem esse ou aquele tipo de feitiço, o sacerdote pode, a seu critério, decidir não o realizar.

Para melhor explicar essa questão, e como exemplo do uso de casos reais sem ferir o sigilo sacerdotal, trago uma situação que vivi no **Reino de Exu 7 Facadas e Pombagira Cigana** há alguns anos...

> *Um rapaz de cerca de 40 anos de idade me procurou para atendimento e disse precisar tratar de assuntos relacionados ao filho pequeno, à época com cerca de 5 ou 6 anos de idade. Logo na abertura do jogo, Exu indicou entraves jurídicos na vida do rapaz e de sua esposa relacionados ao filho. Exu ainda indicou que o casal vivia sob muitas discussões e brigas entre eles, também relacionadas ao filho, mas a leitura não era clara o suficiente pra mim. O rapaz, por sua vez, confirmou o que Exu mostrava no jogo. Também explicou, de maneira simplista, que ele e a esposa estavam,*

realmente, envolvidos em processos judiciais pois haviam perdido a guarda do filho e que a criança já se encontrava sob guarda do Estado, sendo esse o motivo de me procurarem: a tentativa de reverter a situação legal de perda da guarda, afinal, "sentiam muita saudade e falta dele em casa", o que obviamente me tocou o coração.

Questionando o oráculo sobre a situação, as respostas dadas por Exu foram detalhadamente explicadas ao rapaz: apesar de ser um caso extremamente complexo, que exigiria a realização de diversos rituais em momentos diferentes, havia caminho de solução, ainda que algumas questões específicas dependessem unicamente de aspectos externos ligados à justiça dos homens, sobre as quais não seria possível agir. Mas Exu também me dizia que havia "algo a mais" por trás da triste história da perda da guarda do filho, contada pelo consulente numa doce versão, e que eu deveria esmiuçar o caso em consulta. A esse alerta, perguntei ao rapaz o motivo específico que levara ele e a esposa a esse problema – afinal, essa não é uma situação comum, já que ambos eram pais biológicos da criança.

Eis que o alerta de Exu se explicou: à primeira versão simplista contada pelo consulente, uma nova surgiu e a verdade era que ele e a esposa haviam perdido a guarda do filho em função de uma denúncia de maus tratos feita contra eles. Nessa nova versão, o rapaz confidenciou que, eventualmente, batia no filho como tentativa de correção das suas teimosias, "como todo pai fez", e que, algumas vezes, quando a esposa ficava "muito nervosa com a criança", queimava a mão do pequeno na chapa quente do fogão de casa. Ouvindo o novo relato calmamente, eu mais uma vez expliquei todas as orientações dadas por Exu através do oráculo. Mas, a essa explicação, continuei e expliquei que a consulta se encerrava naquele momento e que ele e a esposa se sentissem à vontade para buscar outro sacerdote para cuidar do caso, pois independentemente da possibilidade de solução, eu não trabalharia para que a vontade do casal fosse atendida.

Naquele momento, não se tratava mais de ética sacerdotal, de orientação oracular ou da possibilidade de sucesso ou insucesso sobre o caso. Ao contrário, Exu me colocara numa encruzilhada moral: eu estava disposto a trabalhar para que uma criança voltasse à casa dos pais que lhe queimavam as mãos? Absolutamente não! Ainda assim, na condição de sacerdote, eu estava impedido de opinar ou de ocultar a possibilidade de o casal conquistar o objetivo pretendido. Entretanto, uma vez que nenhum oráculo nem Espírito *determina* as escolhas a serem feitas, nem obriga à realização de qualquer ritual – e uma vez que a criança já não estava mais sob a guarda dos pais e, portanto, não corria perigos -, foi uma decisão pessoal não os atender dali pra frente, sem que eu me visse na situação de ter de quebrar o sigilo sacerdotal levando a questão às autoridades legais.

Questões sobre saúde

Outro aspecto sensível em relação às consultas oraculares diz respeito às perguntas sobre saúde. Nesse caso, mais do que um aspecto ético, trata-se de um aspecto legal, que deve ser observado rigorosamente por quem se propõe a ler um oráculo para terceiros. Ainda que, desde as suas origens africanas, a magia tenha sido usada como meio de tratamento – daí a palavra *kimbanda*, aquele que cura - e ainda que, até os dias atuais, muitos rituais se proponham a remediar aspectos de saúde física e mental, em primeiro lugar é preciso compreender que, a partir do momento em que uma doença se manifesta no plano físico, a magia *sozinha* não realizará qualquer tipo de cura. Feitiços, ebós, *trocas de vida* e qualquer outro ritual poderão, sim, *facilitar o processo* de cura, *favorecer a eficácia* dos tratamentos ou, ainda, *influenciar subjetivamente* as profissionais da saúde que tratam do caso para que consigam atuar da maneira mais eficaz possível no acompanhamento da pessoa doente. Nesse sentido, é verdade que muitas vezes os oráculos indicarão a região do corpo ou, em linhas gerais, o tipo de problema de saúde que se enfrenta – o que deverá, sim, ser respondido.

De toda forma, é importante observar a maneira como se responde a qualquer pergunta ou situação vista no oráculo em relação à saúde do consulente e, independentemente dessas respostas, junto à orientação espiritual, deve-se sempre e invariavelmente indicar que procure ou mantenha os tratamentos médicos já prescritos por profissionais da área. Além disso, a imensa maioria dos sacerdotes e oraculista não possui qualquer formação ou diploma em medicina, psicologia ou psiquiatria. Portanto, é vedado ao sacerdote fornecer qualquer tipo de diagnóstico a partir da leitura oracular, sob pena de responder judicialmente por prática ilegal da profissão.

A PAGA DO ORÁCULO E DOS TRABALHOS ESPIRITUAIS

Ainda que a Quimbanda tenha sua origem fundamental na Umbanda, em meados do início do Século XX, desde a sua origem, essas duas tradições enxergam as questões financeiras por óticas bastantes distintas. Enquanto a Umbanda se propõe, fundamentalmente, ao cuidar do outro através da caridade, a Quimbanda se propõe, prioritariamente, a cuidar do seu praticante em todos os aspectos da vida – dentre eles e, talvez, especialmente, dos aspectos financeiros e materiais, afinal *dinheiro é energia*. Assim, ainda que não seja uma regra, mas uma escolha de quem faz a consulta oracular a terceiros, as consultas e os trabalhos espirituais realizados devem ser cobrados.

Em primeiro lugar, por uma questão óbvia: vivemos num mundo capitalista e, portanto, tudo tem um preço e a energia elétrica, a internet ou o telefonema durante uma consulta à distância, a água ou café oferecidos numa consulta presencial, os materiais necessários à realização dos trabalhos, tudo isso tem um preço que precisa ser suprido. Em segundo lugar, *tempo é dinheiro* e, mais do que um preço, o tempo dispendido durante um atendimento ou durante a realização de um trabalho espiritual tem seu valor – afinal, esse tempo poderia ser usado para qualquer outra coisa que não atender os outros. Você poderia, por exemplo, usar esse tempo para trabalhar em outra atividade remunerada, usá-lo para estudos, lazer ou para estar com a família e os amigos. Assim, para cuidar do outro, invariavelmente, abre-se mão de cuidar de si e isso precisa ser valorizado.

Além disso, uma vez que *dinheiro é energia* e que *magia é troca de energias*, há que se estabelecer uma contrapartida em troca da energia que você dispõe para realizar os atendimentos, bem como da energia dos Espíritos que se colocarão ao dispor do consulente no momento da consulta – afinal, *Exu cuida de quem cuida de Exu*. Nesse mesmo sentido é que se dá a cobrança dos trabalhos espirituais que, tal qual o seu tempo, não devem ser medidos em *preço*, mas sim em *valor*. Isso significa que não só o custo dos materiais deve ser levado em consideração. Ao contrário, mais importante do que esse custo, é o *valor simbólico do resultado dos trabalhos* que entra em questão, bem como a condição social e financeira da pessoa a quem se atende. Assim, não há "tabela de preço" definida e *quem pode mais, paga mais*, por três motivos principais. O primeiro, simbólico, é a valorização do seu tempo, do seu trabalho e da sua energia, bem como do resultado alcançado. O segundo, também simbólico, é uma questão de proporcionalidade: ainda que se use exatamente a mesma receita e se gaste o mesmo custo de material e tempo num determinado trabalho para prosperidade, por exemplo, o resultado alcançado através dele quando feito a um grande empresário de multinacional será o mesmo resultado alcançado quando feito a um assalariado em transição de carreira? Obviamente que não! Assim, para que a *magia de troca* seja proporcionalmente equilibrada, nada mais justo do que o empresário pagar um valor maior do que o assalariado. O terceiro motivo, por sua vez, diz respeito também ao equilíbrio dessa *magia de troca*, mas em sentido contrário: muitas vezes, pessoas verdadeiramente necessitadas, que não podem pagar nem mesmo a consulta, surgirão e, se é verdade que *quem pode mais paga mais*, também é verdade que *quem pode menos, também paga menos (ou nem paga)* e, nessa balança, a sua *energia de troca* se manterá equilibrada para atendê-las gratuitamente.

No **Reino de Exu 7 Facadas e Pombagira Cigana**, por exemplo, há uma determinação dada por Exu: *ter emprego e ter saúde são necessidades básicas* e, portanto, não se estabelece preço para esse tipo de atendimento, ficando o consulente livre para contribuir com o valor que achar justo. Por outro lado, *feitiços de amor ou dominação, riqueza e dano* são caprichos e, portanto, têm preços altos e são feitos apenas aos que podem pagá-lo.

OS TIPOS DE ORÁCULOS

Independentemente do nome que se dê a cada tradição, Exu será sempre Exu em qualquer lugar. Sua versatilidade e pluralidade são parte intrínseca da sua personalidade e, como aprendemos nos primeiros capítulos, mesmo sem um culto ou religião organizados, Exu já se manifestava de diversas formas antes mesmo da anunciação da Umbanda e da organização da Quimbanda. Portanto, nada mais natural que diversos tipos de oráculos sejam utilizados para consultá-lo e não há um certo ou outro errado, um verdadeiro e outro falso. A bem da verdade, a *ferra-*

menta utilizada pouco importa: búzios, dados, cartas de baralho, ossos... Via de regra, qualquer elemento pode ser utilizado para as leituras oraculares, desde que quem os manipule tenha fundamento e conhecimento para fazê-lo e que, especialmente, as respostas, conselhos e orientações sejam verdadeiramente dadas pelos Espíritos e não pela vontade ou influência do ser humano.

Assim, nos últimos anos, na mesma proporção em que diversos "tipos de Quimbanda" surgiram sem sabermos exatamente de onde, também diversos tipos de "oráculos de Exu e Pombagira" apareceram e vêm sendo divulgados amplamente. Se funcionam? Não sei, mas espero que sim, pelo bem daqueles que busca neles a orientação para as suas vidas. Fato é que há três tipos de oráculo de Exu e Pombagira mais comumente conhecidos por todo o Brasil, compostos por quatro, doze e sete búzios, e é sobre eles que tratam os próximos capítulos.

Porém, antes de aprender a jogá-los e a interpretá-los, é importante compreender uma questão fundamental e que gera discussões acaloradas entre quimbandeiros e praticantes das religiões dos Orixás: a quem pertencem os búzios? Bem, eu já perdi a conta de quantas vezes fui confrontado com esse assunto e a discussão sempre começa com *"que absurdo! Isso não existe, os búzios são dos Orixás!"*. Porém, quem afirma isso parece esquecer ou não saber que, mesmo conhecendo todos os seus fundamentos, mesmo tendo passado anos em um terreiro e aprendido em detalhes como "jogar os búzios", de nada adiantará simplesmente comprar uma quantidade de conchas no comércio para poder usá-las como ferramenta oracular aos Orixás. É somente através de rituais específicos e complexos feitos por sacerdotes de

Orixá, preparando e consagrando aquelas 8 ou 16 conchas aos Orixás Orunmilá ou Eşu, que elas serão verdadeiramente ferramentas de comunicação com as Divindades Africanas. Sem esses rituais, os búzios são apenas conchas da natureza, sem domínio ou primazia dessa ou daquela energia ou divindade sobre elas. A propósito, importante que se diga: muito antes de serem usados como *ferramenta oracular* consagrada a qualquer energia, Divindade ou Espírito, os búzios tinham caráter mercantil e eram usados como moeda nos diversos países da África. Esse simbolismo e associação dos búzios ao dinheiro permanece até hoje e, não à toa, os assentamentos de Orixá são sempre recheados de búzios, a fim de atrair riqueza e prosperidade aos seus iniciados.

Da mesma maneira, é preciso que se diga: de nada adiantará fazer cursos ou ler o livro que você agora tem em mãos, ir ao comércio comprar algumas conchas e, simplesmente, tentar consultar Exu ou Pombagira. Ainda que alguns dos oráculos apresentados a seguir possam ser utilizados por qualquer pessoa - até mesmo aquelas sem iniciação na Quimbanda -, essas conchas só se tornarão verdadeiros Búzios de Exu se forem preparadas e consagradas por sacerdotes de Quimbanda, não importa qual seja a sua intuição ou opinião sobre isso.

Ferramenta não tem vida própria

De todos os animais, o ser humano é o único com a capacidade de superar seus instintos e pensar a realidade, refletindo e criando novas perspectivas a partir das suas experiências e conhecimentos adquiridos. Assim, a partir da observação da natureza e das suas próprias necessidades de sobrevivência, desde 2,5 milhões de anos atrás, seus antepassados criaram ferramentas cada vez mais aprimoradas que facilitassem o plantio e a caça. Com a evolução das espécies e das tecnologias de cada época, foram criando diversas outras ferramentas para todo o tipo de atividades que lhes facilitassem o trabalho manual, que permitissem a locomoção entre pontos distante e que aprimorasse seus meios de comunicação.

Ao observar os fenômenos naturais e experimentar o contato com as forças sobrenaturais, a espécie humana passou a atribuir sentido mágico e espiritual ao que vivia, estabelecendo nessas forças a origem das divindades, às quais recorria em tempos de necessidade e agradecia em tempos de abundância. Assim, se os deuses passaram a existir é porque houve quem neles acreditassem e, uma vez acreditando, organizaram suas práticas no que hoje conhecemos como religião. Porém, ainda que desde os rituais de magia mais primitivos se estabelecessem comunicações subjetivas com as divindades, faltava uma maneira de comunicar-se diretamente com elas, fosse durante os rituais, fosse na vida cotidiana – assim surgiram as primeiras formas de oráculos.

Entretanto, se os oráculos são *o meio pelo qual se estabelece a comunicação* com as Divindades e os Espíritos, caso eles não existissem, os oráculos perderiam a sua função. Assim, é preciso que se diga: os oráculos não têm vida, não têm fome, nem têm vontade próprias e não estabelecem qualquer tipo de comunicação por si mesmos, sendo meramente veículos ou ferramentas de intermediação da relação do homem com o seu Sagrado. Para que assumam tal papel, porém, essas ferramentas devem ser sacralizadas – ou seja, devem passar por rituais específicos, a fim de permitir que, *através da intervenção do Sagrado*, sejam transformados de meros elementos profanos em artefatos sagrados que lhe permitirão o uso sobrenatural a que se propõem.

Essa verdade, enfim, vale ainda mais especialmente aos oráculos usados nas tradições de matriz africana e afro-brasileiras, que têm, no conceito de *alimentação*, um dos seus principais fundamentos. Seja através das oferendas não-cruentas, seja através dos sacrifícios animais oferecidos aos Orixás ou aos Espíritos, esses rituais têm por função primordial estabelecer um meio de comunhão entre os homens e o Sagrado que cultuam. No que tange aos Espíritos, essas oferendas tratam tanto de permitir essa comunhão quanto de, simbolicamente, alimentar aqueles que um dia já viveram entre nós e se alimentavam efetivamente.

É por isso que, na Religião Tradicional Iorubá, por exemplo, para que sejam consagrados os *Ikin* ou o *Opelê Ifá* – nome dado aos oráculos dessa tradição -, deve-se necessariamente alimentar Orunmilá – Orixá da Sabedoria. Por sua vez, no Candomblé e no Batuque, para que sejam consagrados os *Búzios de Orixá*, deve-se necessariamente alimentar Eṣu – o Orixá da Comunicação – e/ou Orunmilá e sem que esses rituais sejam realizados as conchas de búzios não tem qualquer serventia espiritual. Da mesma maneira, na Quimbanda, para que sejam consagrados os *Búzios de Exu*, deve-se necessariamente alimentar Exu Maioral e/ou o Exu chefe da tradição que se pratica.

De toda maneira, *só come quem tem fome* e os búzios, quer sejam de Orixá, quer sejam de Exu, na condição de *ferra-*

mentas, não a têm! Uma vez sacralizados, esses artefatos não perdem seu potencial ou caráter mágico-espiritual a menos que sejam profanados, assim como não há maneiras de se desfazer um batismo ou iniciação, por exemplo. Assim, do momento em que são sacralizadas, essas ferramentas não receberão outras oferendas ou sacrifícios individualmente, afinal *ferramenta não tem vida própria* nem estabelece comunicação sozinha! Ao contrário, elas podem e devem receber novas oferendas, mas somente junto às oferendas e sacrifícios oferecidos *ao seu Exu ou Pombagira – eles, sim, têm fome e eles, sim, se comunicam com você!* -, reforçando o *seu* vínculo com os *seus* Espíritos e o vínculo entre eles, você e o oráculo que você utiliza.

Outro aspecto importante no que tange aos não-iniciados que se utilizam do *Oráculo de 4 Búzios* ou de *12 Búzios* é também uma verdade que precisa ser dita de maneira bastante objetiva: mesmo que nessa ou naquela caída do oráculo respondam Espíritos diversos, *quem intermedeia essa comunicação são os seus Espíritos!* Ora, a bem da verdade, um não-iniciado mal possui relação com aqueles que o guiam... Como poderia, então, ser um portal de comunicação de outros Espíritos aos quais não teve nenhum tipo de apresentação ou introdução espirituais?

Portanto, se você já pratica a leitura de algum tipo de oráculo de Exu e lhe foi ensinado que ele precisa ser alimentado novamente por quem os preparou junto aos Espíritos dessa pessoa, pois podem "enfraquecer" ou "perder a sua força", talvez seja hora de perguntar a si mesmo quem, afinal, está sendo alimentado e fortalecido e a quem está sendo direcionada a riqueza e a prosperidade que eles simbolizam desde a África ancestral.

Aspectos práticos para a leitura dos búzios

Antes de começar a aprender as três técnicas de jogo usadas na Quimbanda, é importante conhecer alguns aspectos sobre o uso dos búzios, que valerão para todos os métodos. O primeiro e mais importante deles é saber que os búzios têm, naturalmente, um lado *aberto* e outro *fechado*, a partir dos quais serão feitas as leituras e interpretações: assim, somente serão considerados válidos os búzios que, ao serem jogados, caiam com seu lado *aberto* virado para cima, sendo os *fechados* ignorados.

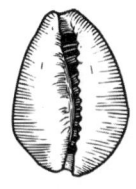

Aberto   Fechado

É comum, porém, que o lado *fechado* seja quebrado e nele se faça um buraco, ao que algumas pessoas entendem ser este o lado de interpretação *aberta*. Isso, porém, não faz o menor sentido. Primeiro porque o buraco feito no lado fechado dos búzios tem por única função facilitar o seu equilíbrio quando manuseado; segundo, por seu simbolismo: os búzios são ferramentas de comunicação, a própria *boca de Exu*, que pode ser enxergada na fenda já existente em sua formação natural.

Algumas pessoas ainda defendem essa mesma teoria argumentando que sua forma natural lembra uma vagina e que, portanto, simbolicamente teria vibração passiva, contrária à polaridade de Exu. Esse argumento, porém, também não é de todo correto, principalmente porque, em suas formas naturais, os búzios têm distinção entre os que chamamos "*Búzio Macho*" e "*Búzio Fêmea*" e, numa formação ideal, um conjunto de jogo de búzios consagrados é formado por quantidades iguais dos dois tipos, equilibrando as polaridades mágico-complementares. O búzio *macho* é mais estreito e alongado, remetendo à figura do falo masculino; por sua vez, o búzio *fêmea* é mais largo e arredondado, remetendo tanto à figura vaginal quanto ao útero. De toda forma, ambos têm em si a fenda natural que simboliza a boca por onde são transmitidas suas mensagens.

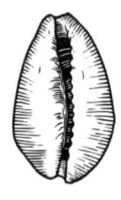

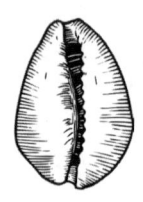

Macho   Fêmea

Outro aspecto prático em relação ao uso dos búzios como oráculo diz respeito ao suporte onde serão feitas as consultas. Popularmente, e especialmente nos templos de Candomblé de etnia iorubá, as consultas aos *Búzios de Orixá* acontecem sobre uma tábua de madeira chamada *opon ifá*, costume que se origina nas práticas tradicionais africanas de culto aos Orixás e aos Odus – os caminhos do destino. Nessas consultas, o *opon ifá* é usado tanto como suporte às caídas dos búzios, como também e principalmente para que ali sejam traçados os símbolos dos Odus que respondem durante a consulta ou nos rituais dedicados a esses mesmos Odus. Nos Candomblés de etnia banto, porém, de onde se origina uma das principais vertentes da Quimbanda e que não cultuam os Odus, as consultas aos *Búzios de Orixá* são feitas sobre uma peneira de palha. Já nas tradições do Batuque Gaúcho, por exemplo, essas consultas são feitas, comumente, sobre uma toalha de tecido ou de crochê.

Da mesma maneira, é importante que se diga que o suporte utilizado a qualquer método de consulta aos Búzios de Exu não tem qualquer tipo de influência sobre sua leitura e interpretação, nem existem rituais *tradicionais* para consagrar esses suportes. Ao contrário, ainda que os *Búzios de Exu* possam ser utilizados no atendimento particular a consulentes, seu uso principal acontece no dia a dia dos terreiros, como ferramenta de comunicação direta entre o sacerdote e os Espíritos, e geralmente é feito no chão, em frente aos seus assentamentos ou nos pontos de força dos Reinos, sobre qualquer suporte que o valha.

Quatro Búzios

A partir de agora, você vai aprender as técnicas de uso e interpretação dos três principais tipos de Búzios de Exu existentes nas Quimbandas de todo o Brasil. Antes disso, porém, é importante lembrar que, tradicionalmente, as vertentes gaúchas não fazem uso de nenhum desses oráculos. Ao contrário, ainda que diversos templos de Quimbanda Tradicional já façam uso desse tipo de ferramenta, a imensa maioria deles as desconhece por completo e se utiliza ou de baralhos ou da incorporação mediúnica como forma de comunicação com os Espíritos.

Isso, porém, não invalida nem uma, nem outra. Ao contrário, como acontece em qualquer outra religião, é mais do que natural que, através de intercâmbios culturais, novos costumes sejam absorvidos por um ou outro lado. Tão natural quanto isso é que as práticas de uma casa descendente não sejam absolutamente idênticas às de sua raiz. Entretanto, enquanto é natural que cada sacerdote faça adaptações à sua prática original, colocando nelas "o seu tempero", é preciso que se tenha critério entre o que é adaptação e o que é invenção, entre o que traz às práticas a identidade de quem as realiza e entre aquilo que descaracteriza o que lhe foi passado e outorgado mágica e espiritualmente.

O maior erro que sacerdotes e pesquisadores cometem é, justamente, tentar estabelecer a "propriedade" sobre um ou outro método nas diversas vertentes. A verdade é que nenhuma Quimbanda teve, originalmente, oráculos próprios, e todas elas receberam influências de tradições anteriores como a Umbanda, o Candomblé e o Batuque. Ainda assim, se é preciso que se defina um oráculo "original" às diversas Quimbandas, este é o jogo de quatro búzios, que tem suas origens nas práticas africanas.

Essa prática, por sua vez, também tem outra origem: o *Oráculo de Obi* usado nas diversas tradições de Orixá para a comunicação objetiva com suas Divindades, especialmente na abertura de um ritual e para a confirmação de detalhes específicos durante seu andamento. O *Obi* é uma semente africana, conhecida no Brasil como Noz-de-Cola (*Cola acuminata*), que em suas variações pode possuir dois, três, quatro, cinco ou seis gomos, sendo o de quatro gomos usado para fins oraculares. Ao ser aberto com as mãos, é possível identificar dois de seus gomos como sendo *machos* e outros dois como sendo *fêmeas*.

A árvore de *Obi*, porém, tem crescimento bastante demorado e exige condições climáticas que dificultam seu cultivo no Brasil. Há, inclusive, um ditado que diz que *"quem planta Obi, não o colhe"*, tamanha a demora que essa espécie leva para crescer até que se possa colher sua semente. Além do aspecto cronológico, é importante lembrar que se, atualmente, as importações África-Brasil são costumeiras e os artigos religiosos usados nessas práticas podem ser facilmente comprados a cada esquina, isso não acontecia em meados dos Séculos XV a XX. Assim, quando da chegada dos primeiros escravizados africanos ao Brasil e da formação dos primeiros *Calundus* e *Candomblés*, foi preciso adaptar o *Oráculo de Obi* a outra ferramenta que lhe valesse, surgindo então o *Oráculo de Quatro Búzios*. Essa substituição também aconteceu, em outras regiões, por elementos diferentes, como, por exemplo, o *Oráculo de Cebola* (ou *Alubosa* no idioma iorubá) – feito com uma cebola branca cortada em quatro partes -, o *Oráculo de Alho* (ou *Ata Ile*, no idioma iorubá) – feito com quatro dentes de alho branco – que, através dos encantamentos corretos, transformam-se em ferramentas oraculares de uso comum no Nordeste do Brasil, e o também chamado *Oráculo de Obi*, mas jogado com quatro pedaços de coco com casca, usado comumente na Santeria Cubana.

A origem desse oráculo nas Quimbandas, portanto, acontece nos *Calundus* e *Candomblés* e se estende por todo o Brasil e seu uso ainda mantém a função original de confirmação e comunicação objetiva com a energia que se invoca. Assim, dos três métodos apresentados neste livro, é o mais difícil de ser interpretado, pois exige diversas jogadas consecutivas para que se chegue a uma resposta completa. Por outro lado, em função da objetividade de suas respostas, o *Oráculo de Quatro Búzios* será parte fundamental para a melhor interpretação tanto do *Oráculo de 12 Búzios* quanto da *Mesa Imperial*, permitindo ao sacerdote confirmar as interpretações que se mostrem amplas. Também por isso, é o oráculo mais amplamente difundido e que pode ser usado por qualquer pessoa, iniciada na Quimbanda ou não, desde que os búzios em uso tenham sido devidamente preparados, encantados e consagrados por um sacerdote legítimo.

Entretanto, é importante ressaltar que **somente aos sacerdotes e iniciados seu uso é irrestrito**, uma vez que durante suas iniciações foram apresentados e reconhecidos por todos os Reis e Rainhas da Quimbanda, tendo o preparo necessário para invocar e acessar todos os Espíritos. Por outro lado, **o uso desse oráculo aos não-iniciados se restringe a consultas pessoais**, direcionadas aos seus próprios Espíritos ou a Exu Maioral, a quem os búzios são consagrados. **Os Búzios de Exu manipulados por não-iniciados não servem nem podem ser utilizados para consultas feitas a outras pessoas**, menos ainda invocando outros Espíritos que não os seus para responderem em consulta. Exu e Pombagira são energias delicadas e melindrosas, que exigem cuidados e preparos específicos para que sejam verdadeiramente nossos aliados e companheiros; atrever-se a invocá-los sem o devido preparo pode acarretar graves consequências.

Vale lembrar, ainda, que as *Frentes de Exu e Pombagira* ensinadas neste livro são receitas genéricas que podem ser feitas como homenagem e agradecimento aos Espíritos, mas não tem a função ritualística das limpezas e trabalhos indicados nas consultas ao oráculo. Nesses casos, quando sua consulta indicar a necessidade de rituais específicos, procure imediatamente um sacerdote de Quimbanda preparado para atendê-lo.

O UNIVERSO EM EQUILÍBRIO

Engana-se, porém, quem acredita que o *Oráculo de Quatro Búzios* responda unicamente *sim, não ou talvez*. Ao contrário, essa é uma interpretação rasa do profundo simbolismo por detrás de suas cinco caídas possíveis, que, em sua simplicidade, representam a vida e o universo em equilíbrio constante. Da mesma maneira, muitas pessoas apregoam que a melhor resposta possível nesse oráculo seriam os quatro búzios *abertos*, um sim absoluto, do que eu discordo. Espiritualmente, as expressões *macho* e *fêmea* não têm qualquer relação com questões ligadas à identidade de gênero ou pluralidades sexuais, mas sim ao *equilíbrio* entre as energias ativas e passivas do universo, entre o bem e o mal - na Quimbanda, equilibrados e manifestados simultaneamente por Exu Maioral -, entre *a luz e as sombras*. É justamente esse equilíbrio simbólico-energético que determina uma vida plena e abundante, mesmo diante dos inevitáveis desafios e percalços do destino.

Em linhas gerais, enquanto um búzio que cai *aberto* (com o lado de sua fenda natural voltado para cima) responde positivamente e é considerado *luz*, um búzio que cai *fechado* (com o dorso natural ou o buraco nele feito manualmente voltado para cima) responde negativamente e é considerado escuridão. Com isso, uma jogada em que os quatro búzios aparecem *abertos* é, efetivamente, um *sim absoluto;* porém, é também a luz absoluta, um *sim* que pode ser ameaçado por qualquer partícula de sombra que se apresente no caminho. Por outro lado, uma jogada em que os quatro búzios aparecem *fechados* é, efetivamente, um *não absoluto;* porém, é a escuridão total que pode ser rompida por qualquer ínfimo facho de luz, o bloqueio total dos caminhos a que qualquer iniciativa de movimento faz romper, mas que pode facilmente ser mantida em seu estado original ou a ele voltar, vez que essa fagulha se apague. Assim, a melhor resposta possível numa consulta aos Oráculo de Quatro Búzios não é a luz absoluta, mas sim a luz e as sombras em equilíbrio: *dois búzios abertos, dois búzios fechados.*

Esse mesmo raciocínio vale também para conjuntos formados por um par de búzios *macho* e um par de búzios *fêmea*, ainda que de interpretação mais sutil. Quando aparecerem dois búzios macho *abertos* e dois búzios fêmea *fechados*, a resposta é *sim*, mas intensa e ativa, desequilibrada, ao que se deve observar o contexto da pergunta feira. Da mesma maneira, quando aparecerem *dois búzios fêmea abertos e dois búzios macho fechados*, a resposta ainda é *sim*, mas branda e passiva, e também deve ser observada detalhadamente quanto ao contexto. O *sim ideal*, por sua vez, ocorrerá quando aparecerem *dois búzios fechados, um búzio macho e um búzio fêmea abertos*: o universo em todas as suas polaridades estará, então, em perfeito equilíbrio.

A maneira como as perguntas são formuladas também tem importância fundamental e fazê-las da maneira errada pode, muitas vezes, aborrecer o Espírito, que fechará a consulta e se negará a responder qualquer outra pergunta dali pra frente. Assim, tão importante quanto perguntar, é fazer a pergunta da maneira mais completa possível e de forma que a resposta desejada seja *"sim, o universo está em equilíbrio".* Se a maneira como a pergunta for feita não puder ser respondida satisfatoriamente dessa maneira, ela deve ser reformulada; do contrário, a resposta obtida poderá ser confusa e levar a enganos de interpretação.

Por exemplo, ao consultar sobre a receita de uma oferenda a ser realizada, se a pergunta for *"está faltando alguma coisa?*", a resposta ideal esperada seria "*não*", o que indica que ela foi feita da maneira errada. Nesse caso, mesmo na melhor caída possível, o *sim* poderia levar à interpretação "*sim, está faltando*", ao que seguiríamos investigando, ou a "*o universo está em equilíbrio*", e faríamos a oferenda daquela maneira. Assim, a pergunta deveria ser reformulada e uma das maneiras corretas de fazê-la seria "*a oferenda está completa?*", ao que não haveria possibilidade de dúvida entre as respostas *sim* ou *não*.

ABRINDO A CONSULTA

Uma vez que, na Quimbanda, o *Oráculo de Quatro Búzios* se destina a consultas objetivas e diretamente voltadas a um único Espírito, não há um ritual de abertura específico para o seu uso. Basicamente, com os búzios consagrados em mãos, é feita uma reza de invocação ao Espírito que se deseja consultar e, a partir daí, feitas as perguntas que se deseja.

Por outro lado, uma vez que o canal de comunicação com esse Espírito é aberto, o encerramento da consulta não acontece simplesmente quando nossas perguntas são satisfeitas. Ao contrário, seu encerramento depende exclusivamente do Espírito invocado, que pode tanto encerrá-la antes de responder todas as perguntas desejadas, quanto manter a comunicação aberta depois delas, por querer transmitir ainda outras mensagens. Da parte de quem joga, encerrar a leitura quando nossas perguntas forem satisfeitas seria como conversar com alguém e dar-lhe as costas sem mais nem menos, o que seria no mínimo indelicado. Já da parte do Espírito, cabe-lhe o direito de encerrar a consulta a qualquer tempo, ou porque a pergunta feita não tem resposta, ou porque não nos cabe conhecê-la.

Assim, a qualquer tempo, se o oráculo responder com os quatro búzios *fechados* por duas vezes consecutivas, significa que o Espírito deu a consulta por encerrada e nenhuma outra pergunta deve ser feita. Por outro lado, quando nossas perguntas tiverem sido satisfeitas, deve-se perguntar ainda se podemos encerrar a leitura. Caso a resposta seja *sim*, recolhem-se os búzios normalmente; caso a resposta seja *não*, uma nova sequência de perguntas tem início, a fim de desvendar os recados que o Espírito ainda deseja transmitir nesse momento.

CONSULTANDO O ORÁCULO

Uma vez que as perguntas devem ser formuladas de maneira que *"sim, o universo está em equilíbrio"* seja a resposta completa e satisfatória, cada pergunta feita ao oráculo exigirá entre uma e duas jogadas, conforme será explicado a seguir. Caso a interpretação obtida não dê uma resposta completa à questão, devem-se fazer novas perguntas mais específicas do que a anterior e quantas forem necessárias, até que se obtenham *dois búzios abertos e dois búzios fechados* como resposta. Isso porque, quando a resposta obtida for *"sim, mas..."* devemos sempre investigar quais os "poréns" por detrás dessa resposta; da mesma maneira, quando a resposta obtida for *"sim absoluto!"*, é importante que se investiguem os pontos frágeis da situação, que poderão levá-la à negativação. Se a resposta por *"não, mas..."*, é importante buscar os caminhos de solução à questão; assim como se a resposta for "*não absoluto*", devem-se investigar os cuidados a serem tomados para evitar os revezes da negativa indicada.

Portanto, uma vez aberta a consulta, para cada pergunta, devem-se tomar os quatro búzios em uma das mãos e, saudando os quatro pontos limítrofes do espaço de jogo com um leve toque da mão que segura os búzios sobre o tabuleiro, a toalha ou o chão, conforme indica a figura a seguir, pronunciá-la ou mentalizá-la da maneira mais correta possível. O movimento da mão deve ser repetido por todo o tempo em que se pronuncia ou se mentaliza a pergunta, e simboliza uma saudação aos quatro cantos das Encruzilhadas, Reino que abre as portas de comunicação com os Espíritos. Feita a pergunta, então, os quatro búzios devem ser lançados de uma só vez, deixando que eles caiam livremente sobre o espaço onde se faz o jogo.

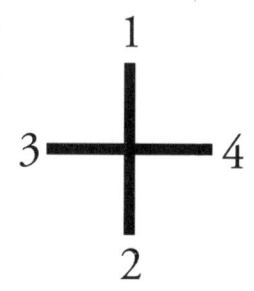

Jogo de Confirmação

A forma mais comum de interpretar o Oráculo de Quatro Búzios é o *Jogo de Confirmação*. Nele, as cinco caídas possíveis são lidas de maneira rasa, na qual o oráculo responderá apenas *Sim, Não ou Talvez* – nesse caso, exigindo uma segunda jogada para obter a resposta desejada. Essa utilização será bastante efetiva no dia a dia e utilizada, ainda, tanto no Oráculo de 12 Búzios quanto na Mesa Imperial. As perguntas são formuladas da mesma maneira que para a sua interpretação completa, porém, a simplicidade das suas respostas funciona como descrito a seguir:

- 4 búzios *abertos*: sim absoluto.
- 3 búzios *abertos*: *talvez*, joga-se novamente; Se na segunda caída obtivermos dois ou mais búzios abertos, a resposta é *Sim*.
- 2 búzios *abertos*: *sim*, o universo está em equilíbrio.
- 1 búzio *aberto*: *não*, com ressalvas; joga-se para outras perguntas que detalhes a situação;
- **Nenhum búzio** *aberto*: *não absoluto*.

As interpretações a seguir são válidas quando se deseja um maior aprofundamento das interpretações usando o Oráculo de Quatro Búzios de Exu.

Quatro búzios abertos

Quando o oráculo responde com quatro búzios *abertos* e a pergunta é feita ao Exu Rei ou à Pombagira Rainha de algum Reino, esta jogada responde "*sim absoluto!*" e não exige outra jogada em sequência, encerrando a pergunta. Esta resposta indica que nenhuma ação diferente do que já se faz deve ser tomada pelo consulente até que seus objetivos tenham sido conquistados e estejam consolidados. Apesar disso, qualquer centelha de sombra pode macular a luz que advém dessa resposta. Assim, ela também indica que haverá confrontos e desafios no caminho, mas que eles devem ser enfrentados somente de forma reativa e defensiva, mantendo-se a calma e agindo-se com resiliência.

Por outro lado, se a pergunta é feita a Exus ou Pombagiras que não sejam Reis ou Rainhas, essa caída responde *"sim, mas..."* e indica que confrontos e desafios no caminho exigirão tomadas de decisão que, não sendo tomadas com cautela, levarão à perda do foco e da dedicação necessárias à conquista do objetivo. Essa caída alerta que qualquer escolha ou decisão no momento deve ser feita com o máximo de estratégia possível, a fim de conquistar o que se deseja e manter o que já se conquistou antes, o que pode vir a ser prejudicado como consequência dessa resposta. Uma jogada complementar deve ser feita para se obter a interpretação completa, conforme descrito a seguir.

JOGADAS COMPLEMENTARES

QUATRO BÚZIOS ABERTOS

Se a jogada complementar for idêntica, quatro búzios *abertos*, o Espírito invocado responde que os objetivos serão conquistados desde que sejam cumpridos os rituais necessários indicados pelo jogo. Ainda assim, não há garantias de que não haverá desafios no caminho e o resultado não necessariamente será aquele que se deseja agora, pois os planos do consulente podem mudar, ao que o Espírito invocado providenciará o melhor desfecho de acordo com as circunstâncias do momento.

TRÊS BÚZIOS ABERTOS

Se, na jogada complementar, caem três búzios *abertos*, a resposta é vaga e exige atenção na interpretação. Em primeira instância, indica que energias contrárias agirão para impedir seu sucesso. Também pode indicar que o Espírito invocado não é o mais indicado para resolver o problema, ao que se deve buscar o auxílio de outros Espíritos, o que deve ser realizado por um sacerdote de Quimbanda preparado para isso. Outra possível resposta, ainda, indica que o consulente não está comprometido com seu próprio desejo ou age com preguiça e descaso para conquistá-lo e somente com grandes esforços o sucesso chegará. Essa jogada comumente indica a necessidade de trabalhos espirituais tanto para conquistar o objetivo específico quanto para modificar algumas situações já presentes em seu caminho e que influenciam negativamente a capacidade de agir e priorizar aquilo que precisa ser feito antes do objetivo original, a fim de levá-lo até lá.

Dois búzios abertos

Este é o único "*sim absoluto*" de todas as jogadas complementares. Quando nela aparecerem dois búzios *abertos* e dois búzios *fechados*, reafirma que os objetivos serão conquistados e que o Espírito providenciará o melhor, assim como reafirma os desafios do caminho, mas sem preocupações sobre eles.

Um búzio aberto

Apesar da resposta inicial indicar "*sim*", quando na jogada complementar aparece apenas um búzio *aberto*, o Espírito indica que graves dificuldades estão no caminho à frente. Além disso, indica que, mesmo através de trabalhos espirituais, a probabilidade de sucesso é pequena. Nesse caso, a melhor orientação ao consulente é que reveja seus planos e, se possível, ou os abandone ou os modifique, pois insistir neles trará mais problemas do que soluções.

NENHUM BÚZIO ABERTO

Essa jogada complementar contradiz o *sim* inicial e torna-se um "*não absoluto*" sobre a questão. Mesmo que aparentemente o caminho seja de *luz* (jogada inicial), as consequências à frente são de *trevas e dor* (jogada complementar), mas ainda podem ser evitadas. Assim, mais do que simplesmente responder que os perigos de ordem prática e espiritual no caminho à frente podem trazer ruína e que não vale à pena insistir em conquistá-lo, essa jogada ainda exige uma segunda complementar, para averiguar a gravidade da situação.

Antes de realizar a segunda jogada complementar, deve-se lavar os quatro búzios com um pouco de cachaça ou gin e só então jogá-los novamente. Se, nessa segunda jogada complementar, aparecerem *quatro, três ou dois búzios abertos*, o Espírito invocado já disse tudo o que tinha pra dizer e a resposta está completa. Se, porventura, na segunda complementar surgir um único búzio *aberto*, indica a necessidade urgente de ritual de limpeza espiritual. Se nenhum búzio *aberto* aparecer na segunda complementar, exige tanto a limpeza espiritual quanto uma oferenda aos Eguns para afastar a morte (física ou simbólica, a depender do contexto da pergunta) e os perigos do caminho do consulente. Nesses dois casos, deve-se, ainda, *despachar a rua*, jogando três porções de água da quartinha de Exu ou Pombagira na rua do portão principal onde se fez a consulta.

Três búzios abertos

Quando, na primeira jogada, o oráculo mostra três búzios *abertos* e um búzio *fechado* a uma pergunta, a resposta é instável e pode significar "*sim, mas...*" ou "*talvez...*" e exigirá uma jogada complementar para ser definida, salvo nos casos de exceção que serão explicados em seguida.

Ainda que a primeira jogada pareça confirmar a pergunta feita, de antemão alerta sobre desafios e dificuldades que surgirão muito em breve e poderão desviar o consulente do seu objetivo. Se a pergunta foi feita a um Exu ou Pombagira do Reino das Encruzilhadas, dos Cruzeiros ou da Lira, é um "*sim absoluto!*" que não exige jogada complementar, mas devem ser observar as variações explicadas a seguir.

Por outro lado, se a pergunta foi feita a um Exu ou Pombagira dos Reinos das Matas, Calunga ou das Almas, é um "*talvez...*" que precisa ser verificado através de uma jogada complementar e indica a presença de concorrentes ou rivais sobre o contexto da pergunta, muitas vezes dispostos a atacar o consulente através de feitiçaria negativa. Por fim, se a pergunta foi direcionada a um Exu ou Pombagira do Reino das Praias, essa jogada responde "*não, mas...*" e indica que o consulente não está preparado para conquistar o que deseja e, independentemente do caminho à frente, a melhor opção é repensar o objetivo e o planejamento e a estratégia já traçados para conquistá-lo, e só então buscar nova orientação do oráculo sobre a situação.

VARIAÇÕES

Se a pergunta for direcionada a um Espírito do Reino das Encruzilhadas, dos Cruzeiros ou da Lira, deve-se observar o equilíbrio entre as polaridades *macho* e *fêmea* dos búzios abertos com a do Espírito ao quem se pergunta. Sendo perguntado a um Exu e respondendo dois *búzios fêmeas*, é "*sim absoluto*", pois as polaridades dos búzios *fêmea* se equilibram com a polaridade do búzio *macho* e do próprio Exu a quem se pergunta; caso respondam dois *búzios machos*, também é "*sim*", mas deve-se oferecer uma *Frente de Pombagira* para equilibrar as energias, pois há excesso de polaridade masculina na resposta. Por outro lado, sendo perguntado a uma Pombagira e respondendo dois *búzios machos*, é "*sim absoluto*", pois as polaridades dos búzios *machos* se equilibram com a polaridade do búzio *fêmea* e da própria Pombagira a quem foi feita a pergunta; caso respondam dois *búzios fêmeas*, também é "*sim*", mas deve-se oferecer uma *Frente de Exu* para equilibrar as energias, pois há excesso de polaridade feminina na resposta. Em todos os casos, essa caída encerra a pergunta.

JOGADAS COMPLEMENTARES

Quando, na primeira caída, respondem três búzios *abertos*, as jogadas complementares somente são feitas se a pergunta foi direcionada a um Espírito do Reino das Matas, Reino dos Cemitérios ou Reino das Almas, e interpretadas conforme segue.

Quatro búzios abertos

Se caem quatro búzios *abertos*, a resposta é *sim*, porém, os resultados não serão obtidos da maneira desejada, mas da melhor maneira possível. Ainda que encerre a pergunta inicial, é importante investigar os detalhes da situação para entender se as situações indicadas têm origem em fatores externos – ao que se pode buscar a solução através de trabalhos espirituais de limpeza ou abertura de caminhos, conforme o contexto da pergunta – ou internos – ao que se deve compreender os bloqueios emocionais do consulente, sua tendência ao auto-boicote ou, ainda, cargas espirituais que o impedem de buscar o melhor caminho à frente.

Três búzios abertos

Se a jogada complementar for idêntica à anterior, a caída encerra a pergunta: não se deve perguntar aquilo que já foi respondido ou do que já se conheça a resposta. A propósito, perguntar o que já se sabe ou perguntar a mesma coisa de maneiras diferentes na tentativa de obter uma resposta favorável é bastante comum, especialmente quando consultamos para nós mesmos. Porém, há que se lembrar de que os Espíritos têm humores e, geralmente, se aborrecem com esse tipo de pergunta. Insistir nelas faz com que as respostas sejam cada vez mais confusas e contraditórias, como uma provocação pela teimosia.

Dois búzios abertos

Este é o único "*sim absoluto*" de todas as jogadas complementares. Quando nela aparecerem dois búzios *abertos* e dois búzios *fechados*, indica que as situações voltarão ao seu equilíbrio naturalmente, ainda que para isso seja necessário grande esforço e paciência. Mesmo sendo um sim absoluto, pela inconstância da primeira caída, deve-se verificar se há trabalhos espirituais que possam amenizar o caminho até a solução ou adiantá-la.

UM BÚZIO ABERTO

Se, na jogada complementar, cair apenas um búzio *aberto* a resposta é "*não, mas...*", vez que a instabilidade da primeira caída (três búzios *abertos*) se apresenta invertida (três búzios *fechados*), negativando a resposta. Indica que a situação tende a se reverter contra o consulente ou, se já for uma situação negativa, se fortalecer nesse sentido. Essa caída complementar pode, ainda, indicar que a pergunta foi mal formulada ou feita de maneira confusa ou muito abrangente, pelo que é importante analisar as palavras usadas e, se for o caso, refazer a pergunta da maneira correta, reiniciando o processo de jogo. Se este não for o caso, tendo a pergunta sido feita de maneira que a resposta "*sim, o universo está em equilíbrio*" a satisfizesse completamente, é necessário averiguar quais trabalhos espirituais podem ser feitos tanto para evitar os revezes indicados pela resposta complementar, quanto para positivar o resultado da situação em voga.

NENHUM BÚZIO ABERTO

Se nenhum búzio se apresentar *aberto*, a resposta é "*não absoluto*". Essa caída indica que mesmo a situação atual parecendo favorável, a derrota sobre o objetivo pretendido já se apresenta no caminho adiante e não há possibilidade de trabalho espiritual para trazer o sucesso que se deseja, exigindo uma nova jogada para averiguar a gravidade da situação. Lavam-se os quatro búzios com cachaça ou gin e joga-se novamente.

Se, nessa jogada complementar, aparecerem *quatro, três ou dois búzios abertos*, o consulente deve tomar uma sequência de três banhos de descarrego com ervas do Reino a que pertence o Espírito invocado misturados com cachaça, se for Exu, ou espumante, se for Pombagira. Essa segunda jogada complementar ainda segue, indicando que se não houver mudança de comportamento frente à situação atual e o consulente insistir em não abrir mão daquilo que deseja, tanto o objetivo específico não será conquistado como outras negatividades e impedimentos se colocarão em seu caminho. É importante ressaltar que ambos, a sequência de banhos e a mudança de comportamento, são fundamentais para afastar a negatividade que se apresenta. Por outro lado, se surgir um único búzio *aberto*, indica a necessidade urgente de ritual de limpeza espiritual. Se nenhum búzio *aberto* aparecer na segunda jogada complementar, exige-se tanto uma limpeza espiritual quanto uma oferenda aos Eguns para afastar a morte (física ou simbólica, a depender do contexto da pergunta) e os perigos do caminho. Nesses dois casos, deve-se, ainda, *despachar a rua* jogando três porções de água da quartinha de Exu ou Pombagira na rua do portão principal onde se fez a consulta.

Dois búzios abertos

Essa é a única configuração de resposta que não exige nenhuma jogada complementar, independentemente do equilíbrio *macho / fêmea* de sua caída. Nessa resposta, os Espíritos dizem *"sim, o universo está em equilíbrio"* e encerram a pergunta. Todo o necessário para se conquistar o objetivo desejado já foi providenciado ou está a caminho e bastará seguir os passos com tranquilidade e segurança que o sucesso chegará.

Ainda assim, se o conjunto utilizado for composto por *um par macho e um par fêmea*, deve-se observar o equilíbrio dessas polaridades. Assim, caso a resposta venha por dois *búzios machos*, deve-se oferecer uma *Frente de Pombagira e confirmar no jogo a necessidade de se sacrificar uma franga às Pombagiras,* pois há excesso de polaridade masculina, que deve ser equilibrada; do contrário, caso respondam dois *búzios fêmeas,* deve-se oferecer uma *Frente de Exu e confirmar no jogo a necessidade de se sacrificar um frango aos Exus,* pois há excesso de polaridade feminina na resposta, que também deve ser equilibrada. Nos dois casos, se for confirmada a necessidade de sacrifício, deve-se ainda oferecer uma *Frente de Exu* ou uma *Frente de Pombagira* em complementariedade à *Frente* que receberá o sacrifício da ave.

Um búzio aberto

Se, na primeira jogada, o oráculo mostra apenas um búzio *aberto* e três *fechados*, a resposta é condicional e pode significar *"não, mas..."* ou *"talvez..."* e exigirá uma jogada complementar para responder completamente, salvo nas exceções que serão explicadas. Ainda que a primeira jogada seja negativa (três búzios *fechados*) e indique inevitáveis problemas no caminho, o único búzio *aberto* responde que há possibilidade de reverter a situação e atingir o objetivo desejado, mesmo que parcialmente.

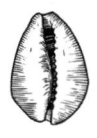

Se a pergunta foi feita a um Espírito do Reinos dos Cemitérios ou do Reino das Praias, é um "*sim absoluto!*", mas que trata da necessidade de isolamento e afastamento para o sucesso.

Se a pergunta foi feita a um Espírito do Reino das Almas, também é um "*sim*", mas indica uma mudança na situação e afirma que a vitória se dará da melhor maneira possível, não necessariamente da maneira que se espera. Em todos os casos, não exige jogada complementar, mas deve-se observar as variações a seguir.

Por outro lado, se a pergunta foi feita a um Exu ou Pombagira dos Reinos das Encruzilhadas, Cruzeiros ou Lira, é um "*talvez...*" que precisa ser verificado e indica que, apesar da possibilidade de reversão, foi o próprio consulente que, por suas decisões e escolhas, se colocou numa posição frágil, a qual não deve ser ignorada sob risco de derrota irremediável. Assim, tão importante quanto verificar os rituais necessários para alcançar os objetivos desejados, é preciso que o consulente tome consciência de seus atos e tente remediá-los o quanto antes. Por fim, se a pergunta foi direcionada a um Espírito do Reino das Matas, essa jogada responde "*sim, mas...*" e indica que o resultado estará aquém do desejado e frustrará o consulente, pelo que se devem fazer novas perguntas para verificar os trabalhos espirituais necessários a fim de conquistar o sucesso na medida esperada.

VARIAÇÕES

Se a pergunta for feita a um Espírito dos Reinos dos Cemitérios, das Almas ou das Praias, deve-se observar o equilíbrio entre os búzios *macho* e *fêmea* que aparecem *abertos* e do Espírito invocado. Sendo perguntado a um Exu e respondendo um *búzio fêmea*, é "*Sim absoluto*", pois a polaridade do búzio se equilibra com a do Exu; caso responda um *búzio macho*, é "*Sim*", mas deve-se oferecer uma *Frente de Pombagira*, pois há excesso de polaridade masculina. Por outro lado, sendo perguntado a uma Pombagira e respondendo um *búzio macho*, é "*Sim absoluto*", pois a polaridade do búzio se equilibra com a da Pombagira; caso responda um *búzio fêmea*, também é "*Sim*", mas deve-se oferecer uma *Frente de Exu*, pois há excesso de polaridade feminina.

JOGADAS COMPLEMENTARES

Quando, na primeira caída, responde apenas um búzio a*berto*, as jogadas complementares somente são feitas se a pergunta foi direcionada a um Espírito dos Reinos das Encruzilhadas, Cruzeiros, Matas ou Lira, e interpretadas conforme segue.

QUATRO BÚZIOS ABERTOS

Se, na jogada complementar, caem quatro búzios *abertos*, a resposta é "*Sim, mas...*" e indica que, apesar das incontáveis dificuldades do momento, que levam à falta de esperança, alguma vitória ainda pode ser conquistada, obtendo-se o melhor resultado possível frente às circunstâncias por meio dos trabalhos espirituais corretos aliados à persistência do consulente, ainda que o resultado seja bastante diferente do esperado. Devem ser verificados os trabalhos espirituais necessários para isso.

TRÊS BÚZIOS ABERTOS

Quando, na jogada complementar, aparecem três búzios *abertos*, a resposta é "*sim, mas...*" e se opõe à primeira jogada, indicando que haverá mudança nas energias do momento. Ainda assim, os resultados serão muito aquém do desejado. Se a pergunta for de ordem prática, a orientação é desistir do plano em voga, pois essa caída fala em traições, perdas e tormentos que surgirão junto ao objetivo conquistado. Em se tratando de perguntas sobre mudança de vida, deve-se investigar quais trabalhos espirituais podem ser realizados para favorecer o resultado, mesmo que ele se mantenha mediano. Em ambos os casos, deve-se orientar o consulente a buscar novamente os búzios assim que os menores resultados surgirem, a fim de remediar a situação.

DOIS BÚZIOS ABERTOS

Este é o único "*sim absoluto*". Dois búzios *abertos* e dois *fechados* indicam que mesmo a situação sendo de perda e dor, o universo voltará ao seu equilíbrio. Porém, será inevitável enfrentar duras batalhas, mas algumas coisas na vida merecem que lutemos por elas. Pela negatividade da primeira caída, deve-se verificar os trabalhos espirituais para impedir outros males.

Um búzio aberto

Quando a jogada complementar repete a principal com apenas um búzio *aberto*, a resposta é um *"não absoluto"* e indica uma sequência de situações adversas que parecem não ter fim, apontando para graves desequilíbrios energéticos e espirituais que precisam ser sanados através de diversas limpezas e trabalhos específicos, que devem ser apurados imediatamente pela pessoa que lê a consulta ou, se não for iniciada e estiver em leitura pessoal, deve imediatamente buscar um sacerdote de Quimbanda para que verifique o que é necessário fazer. Deve-se aconselhar o consulente a abrir mãos dos planos relacionados à pergunta, pois insistir neles só lhe trará discussões, brigas, traições e mágoas.

Nenhum búzio aberto

Se nenhum búzio se apresentar *aberto*, a resposta é *"não absoluto"* e indica que tanto a pergunta em questão quanto todos os assuntos pertinentes a ela devem ser abandonados. Embora o consulente possa viver em paz aparente, há inimigos em guerra direta contra ele, tanto física quanto espiritualmente. Conforme o contexto da pergunta inicial, pode-se afirmar que o consulente nunca terá a oportunidade de conquistar o objetivo em questão. Essa caída complementar ainda exige uma nova jogada para averiguar a gravidade da situação. Assim, lavam-se os quatro búzios com um pouco de cachaça ou gin e joga-se novamente.

Se, nessa segunda jogada complementar, aparecerem *quatro, três ou dois búzios abertos*, o Espírito disse tudo o que deveria ser dito e o consulente deve tomar uma sequência de três banhos de descarrego feitos com ervas do Reino a que pertence o Espírito invocado misturados com cachaça, se for Exu, ou espumante, se for Pombagira. A sequência de banhos é fundamental para amenizar a negatividade e impedi-la de causar outros males e perigos. Por outro lado, se, na segunda jogada complementar, surgir um único búzio *aberto*, indica a necessidade urgente de ritual de limpeza espiritual. Se nenhum búzio *aberto* aparecer na segunda jogada complementar, exige tanto a limpeza espiritual quanto uma oferenda aos Eguns para afastar a morte (física ou simbólica, a depender do contexto da pergunta) e os perigos. Nesses dois casos, deve-se *despachar a rua* jogando três porções de água da quartinha de Exu ou Pombagira na rua.

Nenhum búzio aberto

Se nenhum dos quatro búzios cai *aberto* na primeira jogada a uma pergunta, ela é ignorada, pois se entende que o Espírito invocado alerta sobre perigos do mundo que estão sempre presentes, qualquer que seja o contexto, mas que esses perigos já são conhecidos. Lavam-se os quatro búzios com um pouco de cachaça ou gin e joga-se novamente, interpretando a jogada seguinte como se fosse a primeira. Nesses casos, a segunda jogada não é considerada complementar, mas sim a jogada principal; assim, se na jogada seguinte apresentarem-se *um ou mais búzios abertos*, deve-se seguir as interpretações já apresentadas.

Entretanto, se, na segunda jogada, a resposta novamente se der com *quatro búzios fechados*, a resposta é "*Não absoluto*", sobre a qual não existe contestação. Essa resposta ainda traz consigo anúncios de tragédias e perigos iminentes sobre a questão perguntada, disputas e brigas violentas entre as partes envolvidas e feitiçarias negativas que já causam danos ao consulente em todos os aspectos de sua vida.

Nesse caso, novamente lavam-se os quatro búzios com cachaça e tira-se uma última resposta para averiguar a gravidade da situação. Se, nessa terceira jogada, aparecerem *quatro, três ou dois búzios abertos*, encerra-se a pergunta e a consulta continua.

Se, porventura, na terceira jogada, surgir *um único búzio aberto*, indica a necessidade urgente de ritual de limpeza espiritual e de oferenda com sacrifício de aves ao Espírito que foi invocado. Se *nenhum búzio aberto* aparecer na terceira jogada, exige tanto a limpeza espiritual e a oferenda com sacrifício ao Espírito quanto uma oferenda aos Eguns. Também nesse caso, tanto a pergunta quanto a consulta são encerradas completamente e nenhuma outra jogada pode ser feita em favor da mesma pessoa naquele dia. Em todos os casos, deve-se, ainda, *despachar a rua* jogando três porções de água da quartinha de Exu ou Pombagira na rua do portão principal onde se fez a consulta.

Uma exceção, porém, é importante e acontece única e exclusivamente quando o oráculo de *Quatro Búzios* é jogado por um sacerdote ou por um iniciado na Quimbanda e a pergunta é feita para outras pessoas que não ele mesmo. Nesse caso específico, o Espírito invocado pode alertar sobre perigos iminentes nos caminhos de outras pessoas presentes no local da consulta ou a familiares diretos do consulente (pai, mãe e irmãos ou irmãs consanguíneos). Para investigar o "*não, absolutamente*" e verificar a quem ele se refere, são feitas jogadas intermediárias interpretadas como *sim* e *não* simples, e a resposta se dá por eliminação. Assim, a primeira pergunta intermediária deve ser "*[nome do Espírito invocado], esse alerta é para [nome do consulente]?*". Se a resposta foi *sim*, procede-se normalmente com a jogada final. Se a resposta for *não*, o sacerdote, então, pergunta se o alerta é direcionado a ele mesmo. Se mesmo assim a resposta for *não*, repete a pergunta para os familiares diretos do consulente e para cada pessoa presente no local, até que obtenha um *sim*, prosseguindo-se, então, com a jogada final. Se mesmo verificando cada uma dessas pessoas a resposta ainda for *não*, deve-se perguntar se são as almas dos falecidos que demandam oferendas. Em caso positivo, retorna-se à jogada final para contextualizar e encerrar a pergunta, conforme já explicado, e providencia-se uma limpeza espiritual e uma oferenda com sacrifício aos Eguns *em nome do templo*. Em caso negativo, assume-se essa jogada como a última e derradeira, ao que se providencia a limpeza espiritual e a oferenda com sacrifício de aves *para o consulente*.

Importante: a exceção descrita nunca deve ser realizada por pessoas sem iniciação ou sacerdócio na Quimbanda, vez que não estão preparadas para lidar com as energias dos Eguns. Da mesma maneira, em todos os casos que a resposta for *não* e seu complemento exigir oferendas com sacrifícios, seja aos Espíritos invocados ou aos Eguns, deve-se urgentemente procurar um sacerdote de Quimbanda habilitado para realizar tais rituais.

Outras caídas importantes

Além das caídas principais e complementares, outras configurações simbólicas têm importância na interpretação do *Oráculo de Quatro Búzios*. A primeira delas diz respeito à maneira como os búzios *abertos* se posicionam no espaço de jogo, formando figuras que lembrem olhos, bocas, cruzes ou cruzamentos, linhas em sequência ou em oposição, círculos etc. Nesses casos, junto ao significado da caída em si, a sensibilidade de quem joga o oráculo deve prevalecer ao interpretar o símbolo formado entre os búzios, contextualizando essa figura ao assunto da pergunta feita aos Espíritos. Outras, ainda, se relacionam à maneira como os quatro búzios – *abertos ou fechados* – tocam uns aos outros ou se posicionam entre si:

❖ Um búzio *fechado* sobre um búzio *aberto*, com as faces abertas encostando uma na outra, indica domínio entre as partes ou união – romântica, sexual, profissional ou familiar. Nesse caso, deve-se observar o gênero do consulente e o gênero dos búzios *abertos* para identificar quem domina quem, lembrando a regra básica da magia na qual "o dominante sobrepõe o dominado". Também pode significar que algo bloqueia ou impede o crescimento do consulente, muitas vezes apontando para ataques espirituais, pelo que é preciso contextualizar a pergunta e verificar a necessidade de trabalhos espirituais;

❖ Um búzio *aberto* sobre um búzio *fechado* indica briga, discórdia, rompimento, traição, separação ou problemas judiciais. Assim como na anterior, deve-se observar os gêneros do consulente e dos búzios para compreender a origem do problema. Essa caída ainda pode indicar que há perigos e infortúnios escondidos por detrás do resultado desejado e, por isso, deve-se investigar a necessidade de trabalhos espirituais para afastar os perigos;

❖ Dois búzios *fechados* um sobre o outro formando uma cruz indicam caminhos fechados e feitiçaria;

❖ Dois búzios *abertos* um sobre o outro formando uma cruz indicam caminhos que se afastam para o bem do consulente e sua interpretação soma-se às anteriores;

❖ Dois búzios *abertos* um sobre o outro e alinhados entre si, indicam sufocamento, relacionamento tóxico;

❖ Dois búzios *abertos*, separados, mas que o topo de um aponte para o topo do outro indicam proximidade, "caminhos que se encontram";

❖ Dois búzios *abertos*, separados, mas que a base de um aponte para a base do outro indicam distanciamento, "caminhos que se afastam";

❖ Dois búzios *abertos*, separados, em que o topo de um aponte para a base do outro, ambos voltados para cima ou para a direita, indicam "caminhos que se seguem" e o consulente é perseguido ou acompanhado por alguém. Nesse caso, deve-se observar o gênero do búzio de baixo para identificar quem é a outra pessoa;

❖ Dois búzios *abertos*, separados, em que o topo de um aponte para a base do outro, ambos voltados para baixo ou para a esquerda, indicam "caminhos que se seguem" e que o consulente persegue ou acompanha alguém;

❖ Três ou quatro búzios *abertos* que se tocam mutuamente indicam grande prosperidade, que pode ser financeira ou simbólica, a depender do contexto da pergunta;

❖ Três ou quatro búzios *fechados* que se tocam mutuamente indicam perdas iminentes, problemas judiciais, doença de fundo espiritual, feitiçaria negativa contra o consulente, traições e todo o tipo de risco. Nesse caso, deve-se encerrar a pergunta em questão e investigar detalhadamente quais são esses perigos e quais os trabalhos espirituais necessários para afastar suas influências;

❖ Se algum búzio cair de lado, interpreta-se o lado que estiver virado para quem joga os búzios;

❖ Se algum búzio cair de pé, sem lado *aberto* ou *fechado* definido, interpreta-se o lado que estiver virado para quem joga os búzios: se for o lado *aberto*, potencializa a vitória da resposta. Ao contrário, se for o lado *fechado*, alerta para influência negativa de Eguns, ataques espirituais através de feitiço com objetivo de morte ou, ainda, doenças graves que devem ser tratadas com urgência; deve-se encerrar a pergunta em questão e investigar detalhadamente quais são esses perigos e quais os trabalhos espirituais necessários para afastar suas influências;

❖ Se, durante a consulta, os búzios repetidamente caem de lado ou giram mais que o comum até que se equilibrem em suas posições, indicam que o consulente está mentindo, testando o jogo ou o sacerdote ou, ainda, que representa perigos ao sacerdote. Nesse caso, deve-se prosseguir com cautela e encerrar a consulta rapidamente.

QUE TAL GARANTIR O SEU ORÁCULO DE QUATRO BÚZIOS CONSAGRADOS A EXU MAIORAL?

Acesse o QR-Code e encomende o seu agora mesmo! Uma vez por ano acontecem os rituais a **Exu Maioral** no **Reino de Exu 7 Facadas e Pombagira Cigana** e os oráculos são consagrados para serem usados por qualquer pessoa. Essa pode ser a sua chance de desvendar os segredos de Exu e Pombagira e receber seus conselhos a hora que quiser!

Acesse e garanta já o seu!
www.diegodeoxossi.com.br/buzios-exu-maioral

12 Búzios

Se, até o final do Século XX, a Quimbanda do Sudeste foi mantida em sigilo, é a partir do início dos anos 2000 que ela começou a abrir suas portas, mesmo que discretamente, e passou a revelar alguns de seus segredos. Costumes e fundamentos que eram transmitidos oralmente somente aos seus poucos iniciados passaram a ser compartilhados através da internet e popularizaram-se muitas das suas práticas. Dentre elas, o *Oráculo de Quatro Búzios* ganhou inúmeras versões, cada uma mais simplista de que a outra e, em sua grande maioria, mesclando interpretações e nomenclaturas africanas típicas das práticas iorubá com os nomes de Exus e Pombagiras afro-brasileiros.

Além dessas, outro oráculo voltado aos Espíritos da Quimbanda acabou por se popularizar: os *12 Búzios de Exu*. Esse, entretanto, desde sua origem, dava a Exu e Pombagira a independência merecida e, ainda que em sua essência a Quimbanda Nagô se utilizasse de conceitos e receitas do Candomblé – o que pode ser percebido, principalmente, pela descrição das oferendas feitas aos Espíritos desse oráculo -, tornou-se uma ferramenta oracular que não se misturava às práticas dos Orixás. Ao contrário: de acordo com fontes orais descendentes dessa raiz, teria sido *Tata Negão* o criador do método dos *12 Búzios de Exu*, que nunca teve a intenção de popularizar seus conhecimentos. Ao contrário, baseado nos 13 Exus que incorporavam em seus iniciados mais próximos e mais capacitados à prática quimbandeira, desenvolveu um oráculo que se destinava a atender e orientar apenas os membros daquela comunidade em específico.

Foi *Tata Kalunga*, um de seus iniciados, que, entre o final dos anos 1990 e início dos anos 2000, transformou os ensinamentos de *Tata Negão* numa apostila com cerca de 15 páginas e passou a ensiná-los tanto aos iniciados quanto aos profanos.

Se é verdade que esse, talvez, tenha sido o primeiro oráculo especificamente dedicado aos Espíritos da Quimbanda - afinal, os diversos baralhos usados para esse fim nunca tiveram origem nas práticas de Exu e Pombagira e o *Oráculo de Quatro Búzios* tem sua origem nos cultos de Orixás -, também é verdade que o objetivo do *Oráculo dos 12 Búzios* nunca foi o de ser manuseado e consultado por praticantes e simpatizantes que não os pertencentes à raiz de *Tata Negão*. Ainda assim, essa ferramenta se popularizou nos últimos anos e vem ganhando cada vez mais adeptos à sua prática. Essa popularização, porém, se não cumpre a intenção inicial de seu criador, merece o crédito de trazer à luz a existência da Quimbanda, que por tantos anos esteve escondida no Sudeste do Brasil. Mais do que isso, o método criado por *Tata Negão* merece, ainda, o crédito de ser uma ferramenta bastante efetiva nas mãos daqueles que a souberem manusear.

Por outro lado - e justamente por sua origem não se pretender a isso -, o oráculo dos *12 Búzios de Exu* é uma ferramenta limitada aos treze Espíritos que embasaram sua criação e às situações e interpretações que podem ser inferidas a partir das características das suas treze caídas, sem considerar a multiplicidade dos demais Espíritos da Quimbanda e não se propondo a explicar a vida, suas interrelações e dinâmicas mais subjetivas, como fazem os 7 Reinos da Quimbanda e a *Mesa Imperial*, detalhada no próximo capítulo.

Ainda assim, uma vez que o conjunto de doze búzios seja preparado e consagrado corretamente por um descendente legítimo dessa família religiosa, os *12 Búzios de Exu* podem ser utilizados por qualquer pessoa que aprenda a sua técnica e os seus significados, quer seja iniciada ou não em seus mistérios. Essa democratização da sabedoria quimbandeira do Sudeste do país também merece crédito e divulgação e, por isso, seus ensinamentos são agora apresentados.

AS TRÊS FAMÍLIAS

O *Oráculo dos 12 Búzios de Exu* organiza os Espíritos que faziam parte do templo de seu criador e os principais Exus que eram cultuados por ele em três famílias de quatro Espíritos cada, que são intermediados e interligados por um Exu tido como comunicador entre elas. Os quatro Exus de cada família, por sua vez, são relacionados aos quatro elementos da alquímicos da natureza: terra, fogo, água e ar – equilibrando-se as potências mágicas e simbólicas de cada uma delas.

Observando-se a sequência de como os Exus se organizam nas três famílias do *Oráculo de 12 Búzios*, é possível perceber que o elemento *fogo* tem prioridade sobre os demais, dada a dinamicidade mágica desse elemento e seu potencial ativo, caraterísticas principais dos Espíritos da Quimbanda. Ao mesmo tempo, a ordenação dos outros três elementos alquímicos se intercalam em cada uma delas, o que demonstra o significado subjetivo de cada um desses agrupamentos. Nas explicações a seguir, o "elemento base" citado se refere, justamente, ao segundo elemento dessa sequência simbólica, já que o *fogo* sempre será o primeiro em todas elas.

1ª Família e seus Exus

A primeira família de Exu tem como elemento base o *ar*, princípio mágico-alquímico que rege as transformações e os movimentos, as conexões entre o material e o simbólico, os potenciais de ampliação da realidade, as expansões físicas e espirituais, a capacidade de invenção tecnológica e a criatividade artística, as transcendências, os sonhos e tudo aquilo que pode ser percebido para além da realidade material. Quando em consulta ao *Oráculo de 12 Búzios*, os Espíritos dessa família se apresentam nas caídas em que *um a quatro búzios* aparecerem *abertos*.

- **Fogo**: Exu Tranca-Ruas
- **Ar**: Exu 7 Encruzilhadas
- **Água**: Exu Marabô
- **Terra**: Exu Mangueira

O símbolo dessa família é uma bandeira vermelha e preta com dois garfos dourados de uma ponta, cruzados formando um X, ao centro dela e seu dia da semana é a sexta-feira.

2ª Família e seus Exus

A segunda família de Exu tem como elemento base a *água*, princípio mágico-alquímico que rege os pensamentos, o valor subjetivo dado às coisas e pessoas, os gostos e opiniões, os valores éticos e morais, os afetos e os relacionamentos afetivos, a resiliência, a dissolução de barreiras e conflitos, a intuição e a geração e manutenção da vida. Quando em consulta ao *Oráculo de 12 Búzios*, os Espíritos dessa família se apresentam nas caídas em que *cinco a oito búzios* aparecerem *abertos*.

- **Fogo**: Exu Tiriri
- **Água**: Exu Veludo
- **Terra**: Exu Toquinho
- **Ar**: Exu 7 Porteiras

O símbolo dessa família é uma bandeira branca e preta com dois garfos prateados de duas pontas cruzados ao centro dela e seu dia da semana é a segunda-feira.

3ª Família e seus Exus

A terceira família de Exu tem como elemento base a *terra*, princípio mágico-alquímico que rege a estruturação das coisas e dos seres, a realidade prática, a prosperidade e a estabilidade financeiras, os prazeres e as sensações experimentadas no mundo material. Quando em consulta ao *Oráculo de 12 Búzios*, os Espíritos dessa família se apresentam nas caídas em que *nove a onze búzios* aparecerem *abertos* ou, ainda, quando *todos os búzios* aparecerem *fechados*.

- **Fogo:** Exu Quebra-Galho
- **Terra:** Exu Cruzeiro
- **Ar:** Exu Gira-Mundo
- **Água:** Exu Caveira

O símbolo dessa família é uma bandeira amarela e preta com um garfo vermelho de uma ponta ao centro dela e seu dia da semana é o sábado.

Exu das Matas: o comunicador

Assim como o Reino das Matas é local de confluência de todos os outros Reinos e Espíritos, as *Três Famílias* do *Oráculo de 12 Búzios* se inter-relacionam através de Exu das Matas, que pode influenciar tanto em seus trabalhos espirituais quanto nas mensagens trazidas por elas. Da mesma maneira, qualquer oferenda pode ser entregue nas matas e qualquer Espírito pode ser invocado nelas. No *Oráculo de 12 Búzios*, o símbolo de Exu das Matas é uma bandeira verde e preta com um garfo vermelho de uma ponta ao centro dela e seu dia da semana é a sexta-feira.

ELEMENTOS DO JOGO

O *Oráculo de 12 Búzios* é composto por doze conchas e uma toalha de tecido onde acontecerão as consultas. Além disso, recomenda-se o uso de um fio-de-contas que estabeleça o espaço de jogo sobre a toalha e que servirá como barreira de contenção às conchas quando jogadas sobre ela. Como nos demais oráculos, as consultas também podem ser realizadas sobre uma peneira ou *opon ifá.* Da mesma maneira, outros elementos podem ser dispostos na mesa, a critério de quem o manipula.

ABRINDO A CONSULTA

Assim como no *Oráculo de Quatro Búzios,* no oráculo dos *12 Búzios* não há uma reza específica para a abertura da consulta. Quem o manipula pode fazer uma saudação geral a todos os Espíritos, uma saudação aos Exus que respondem nas três famílias desse oráculo ou, ainda, aos Espíritos com os quais tenha maior afinidade. A partir daí, tomam-se os doze búzios nas duas mãos e, com ambas em formato de concha, misturam-se os búzios com leves movimentos de vai e vem. Durante esse movimento pronuncia-se ou mentaliza-se a pergunta desejada e, então, jogam-se todos eles simultaneamente, permitindo que caiam livremente sobre o espaço de jogo. Esse movimento será repetido para cada pergunta feita ao oráculo ou, ainda, quando se desejar uma resposta complementar à pergunta já feita.

CONSULTANDO O ORÁCULO

Ainda que mais abrangente do que o *Oráculo de 4 Búzios,* a consulta ao *Oráculo de 12 Búzios de Exu* baseia-se numa dinâmica de perguntas e respostas às quais cada caída indicará o Exu que responde àquela situação, os significados que deverão ser contextualizados e a prescrição de banhos de ervas, amuletos e talismãs ou oferendas a serem realizadas para sanar a questão ou, ainda, para favorecer a conquista do objetivo desejado.

Assim, mais do que trazer respostas ou mensagens específicas, em cada caída desse oráculo são indicadas palavras-chaves ou situações que deverão ser traduzidas ao consulente através da sensibilidade e capacidade de contextualização da pessoa que consulta. É somente a partir dessa contextualização subjetiva, portanto, que as caídas do *Oráculo de 12 Búzios* conseguirão estabelecer uma comunicação efetiva entre os Espíritos, quem manuseia o oráculo e a pessoa a quem se destina a consulta.

Portanto, numa sessão de atendimento oracular com os *12 Búzios de Exu*, duas dinâmicas se mostram possíveis, ambas, porém, dependentes de que perguntas iniciais sejam feitas. Na primeira dinâmica, mais objetiva, o consulente faz ao menos uma pergunta inicial, procedendo-se, então, às jogadas e interpretações; na segunda dinâmica, por sua vez, exige-se mais esforço e sensibilidade de quem manuseia o oráculo, que poderá mentalizar uma pergunta ampla como *"o que se passa na vida da pessoa à minha frente?"* e, a partir daí, fazer quantas jogadas achar necessário até que consiga interpretar e contextualizar uma mensagem ou conselho a ser indicado ao consulente.

No mesmo sentido, a pergunta que é feita pelo consulente não necessariamente é a mesma mentalizada por quem manipula o oráculo. As interpretações surgirão, enfim, de uma série de perguntas complementares feitas mentalmente por quem joga os búzios, quer seja o conjunto de *12 Búzios*, quer sejam os *quatro búzios* usados como confirmações necessárias às interpretações em questão. Vale lembrar que a organização dos Espíritos no *Oráculo de 12 Búzios*, suas famílias, elementos da natureza ou oferendas não se relacionam com os Reinos de Quimbanda ou seus significados. As interpretações e características desse oráculo conforme ensinadas por *Tata Kalunga* são descritas a seguir.

Nenhum Búzio Aberto

EXU REGENTE

Se, numa jogada, *nenhum búzio cair aberto*, o Espírito que responde é **Exu Caveira**.

SIGNIFICADOS

Dificuldade espiritual, situação complicada, energias densas, atuação de ancestrais e mortos.

ERVAS

Guiné, arruda, alecrim, pinhão roxo, espada-de-são-jorge e folha de tabaco.

ELEMENTOS DAS OFERENDAS

Vela bicolor branco-e-preto, cachaça ou rum branco, vela branca em formato de caveira, charuto e mingau de arroz.

LOCAL DE ENTREGA DAS OFERENDAS

As oferendas dessa caída são entregues numa encruzilhada dentro do cemitério.

Um Búzio Aberto

EXU REGENTE

Se, numa jogada, apenas *um búzio cair aberto*, o Espírito que responde é **Exu Tranca-Ruas**.

SIGNIFICADOS

Caminhos abertos, auxílio de pessoas conhecidas e desconhecidas, possibilidades de trabalho, sorte e viagens.

ERVAS

Fumo de rolo, arruda e guiné.

ELEMENTOS DAS OFERENDAS

Vela bicolor vermelho-e-preto, uma chave antiga, cachaça e charuto.

LOCAL DE ENTREGA DAS OFERENDAS

As oferendas dessa caída são entregues numa encruzilhada de terra ou de mata.

Dois Búzios Abertos

EXU REGENTE

Se, numa jogada, *dois búzios caírem abertos*, o Espírito que responde é **Exu 7 Encruzilhadas**.

SIGNIFICADOS

Paz, tranquilidade, desenvolvimento espiritual, necessidade de orientação e ou desenvolvimento mediúnico.

ERVAS

Guiné, arruda, alecrim, fumo de rolo, folha de jurema, espada-de-são-jorge e alho africano.

ELEMENTOS DAS OFERENDAS

Vela bicolor vermelho-e-preto, cachaça ou gin, charuto e farofa de mel.

LOCAL DE ENTREGA DAS OFERENDAS

As oferendas dessa caída são entregues numa encruzilhada de terra ou de mata.

Três Búzios Abertos

EXU REGENTE

Se, numa jogada, *três búzios caírem abertos*, o Espírito que responde é **Exu Marabô**.

SIGNIFICADOS

Cuidado com situações e pessoas mentirosas, fofocas, intrigas, influência de pessoas externas e desentendimentos afetivos e espirituais.

ERVAS

Fumo de rolo, guiné, arruda, alecrim.

ELEMENTOS DAS OFERENDAS

Vela bicolor vermelho-e-preto, absinto ou gin e charuto forte.

LOCAL DE ENTREGA DAS OFERENDAS

As oferendas dessa caída são entregues numa encruzilhada de terra ou formada por trilhos de trem.

Quatro Búzios Abertos

EXU REGENTE

Se, numa jogada, *quatro búzios caírem abertos*, o Espírito que responde é **Exu Mangueira**.

SIGNIFICADOS
Buscar os conselhos dos mais velhos, fazer bons contatos e investimentos.

ERVAS
Folhas de mangueira, guiné, arruda, alecrim.

ELEMENTOS DAS OFERENDAS
Vela bicolor vermelho-e-preto, cachaça ou rum escuro, charuto e farofa de cachaça com pimentas vermelhas.

LOCAL DE ENTREGA DAS OFERENDAS
As oferendas dessa caída são entregues numa encruzilhada de terra ou aos pés de uma Mangueira.

Cinco Búzios Abertos

EXU REGENTE
Se, numa jogada, *cinco búzios caírem abertos*, o Espírito que responde é **Exu Tiriri**.

SIGNIFICADOS
Caminho fechado, perda da liberdade e energia, sensação de estar amarrado, situação desfavorável no trabalho.

ERVAS
Fumo de rolo e arruda.

ELEMENTOS DAS OFERENDAS
Vela bicolor vermelho-e-preto, gim, uma tesoura aberta sobre um copo com cachaça misturada com mel e um charuto de boa qualidade.

LOCAL DE ENTREGA DAS OFERENDAS

As oferendas dessa caída são entregues numa encruzilhada de terra.

Seis Búzios Abertos

EXU REGENTE

Se, numa jogada, *seis búzios caírem abertos*, o Espírito que responde é **Exu Veludo**.

SIGNIFICADOS

Indecisão, situação sem escolhas, dúvidas espirituais, necessidade de revisão de vida.

ERVAS

Guiné, manjerona, alfavaca, boldo, hortelã e poejo.

ELEMENTOS DAS OFERENDAS

Vela bicolor vermelho-e-preto, cachaça ou rum claro, charuto e farofa de mel.

LOCAL DE ENTREGA DAS OFERENDAS

As oferendas dessa caída são entregues numa encruzilhada de terra, à beira de um rio, aos pés de uma cachoeira ou próximo a fontes de água natural.

Sete Búzios Abertos

EXU REGENTE

Se, numa jogada, *sete búzios caírem abertos*, o Espírito que responde é **Exu Toquinho**.

SIGNIFICADOS

Coisas boas virão, alegria, fecundidade, afetividade, amor romântico.

ERVAS

Guiné, arruda, alecrim, erva-doce, hortelã, manjericão e boldo.

ELEMENTOS DAS OFERENDAS

Velas bicolor vermelho-e-preto, cachaça com mel, vela em formato de coração e batizada com mel, charuto e sete cravos brancos amarrados com uma fita cor-de-rosa.

LOCAL DE ENTREGA DAS OFERENDAS

As oferendas dessa caída são entregues numa encruzilhada de terra, em campos floridos ou num toco de árvore.

Oito Búzios Abertos

EXU REGENTE

Se, numa jogada, *oito búzios caírem abertos*, o Espírito que responde é **Exu 7 Porteiras**.

SIGNIFICADOS

Lucro, ganho, vantagem, posição de destaque.

ERVAS

Louro-de-cheiro, alecrim e fumo de rolo.

ELEMENTOS DAS OFERENDAS

Vela bicolor vermelho-e-preto, cachaça ou gin, farofa de dendê e pimenta, charuto e vela em forma de chave.

LOCAL DE ENTREGA DAS OFERENDAS

As oferendas dessa caída são entregues numa encruzilhada de terra ou em frente a uma porteira de sítios ou fazendas.

Nove Búzios Abertos

EXU REGENTE

Se, numa jogada, *nove búzios caírem abertos*, o Espírito que responde é **Exu Quebra-Galho**.

SIGNIFICADOS

Situação de simples resolução, problemas que serão superados, aborrecimentos que irão embora, o que está perdido poderá ser reencontrado.

ERVAS

Guiné, arruda, alecrim, espada-de-são-jorge, fumo de rolo, rosas brancas e lírio-do-brejo (ou folha-de-colônia).

ELEMENTOS DAS OFERENDAS

Vela bicolor vermelho-e-preto ou verde-e-preto, cachaça ou rum escuro, sete moedas, charuto e um copo com mel.

LOCAL DE ENTREGA DAS OFERENDAS

As oferendas dessa caída são entregues numa encruzilhada de mata ou dentro da mata, aos pés de uma árvore.

Dez Búzios Abertos

EXU REGENTE

Se, numa jogada, *dez búzios caírem abertos*, o Espírito que responde é **Exu Cruzeiro**.

SIGNIFICADOS

Vitória com trabalho e paciência, necessidade de perseverança, evitar mentiras e falsidades, incrementar as práticas religiosas – em especial a prática da oração.

ERVAS

Folha de colônia, manjericão, arruda, alecrim e abre-caminho.

ELEMENTOS DAS OFERENDAS

Vela bicolor branco-e-preto, cachaça ou rum claro, charuto e uma vela branca em formato de cruz.

LOCAL DE ENTREGA DAS OFERENDAS

As oferendas dessa caída são entregues na Cruz Maior dentro de um cemitério ou em um Cruzeiro das Almas.

Onze Búzios Abertos

EXU REGENTE

Se, numa jogada, *onze búzios caírem abertos*, o Espírito que responde é **Exu Gira-Mundo**.

SIGNIFICADOS

Cuidado com brigas, stress, confusão, festas e jogos; não seja o primeiro a "jogar pedra"; evitar aglomerações.

ERVAS

Canela, cravo-da-índia, noz-moscada, louro, erva-doce.

ELEMENTOS DAS OFERENDAS

Vela bicolor vermelho-e-preto, cachaça ou gin, charuto e farofa de mel.

LOCAL DE ENTREGA DAS OFERENDAS

As oferendas dessa caída são entregues numa encruzilhada próxima a rodovias ou estradas de terra.

Doze Búzios Abertos

EXU REGENTE

Se, numa jogada, *doze búzios caírem abertos*, o Espírito que responde é **Exu da Mata**.

SIGNIFICADOS

Muita sorte, crescimento, mudanças agradáveis, pessoas que poderão auxiliar a vida material e espiritual.

ERVAS

Pétalas de flores, canela em rama, cravo-da-índia.

ELEMENTOS DAS OFERENDAS

Vela verde ou bicolor verde-e-vermelho, charuto e cachaça com ervas medicinais piladas e coadas ou catuaba.

LOCAL DE ENTREGA DAS OFERENDAS

As oferendas dessa caída são entregues dentro da mata, aos pés de uma árvore grande.

Mesa Imperial

Se você chegou até aqui e conseguiu compreender o real sentido da Quimbanda, já deve ter percebido que seus Espíritos podem ser muito mais do que meros executores de feitiços e rituais para vingança ou ataque. Ao contrário, Exu e Pombagira são tão humanos quanto cada um de nós e, assim como podemos nos aprimorar a cada dia buscando o melhor que a vida tem a nos oferecer, eles também podem se tornar os mais poderosos mestres e aliados para que alcancemos a felicidade e a abundância em todos os aspectos de nossas vidas.

O maior erro que muitas pessoas ainda cometem é, justamente, enxergar os Espíritos da Quimbanda como meros soldados de combate. Mas, afinal, quem os vê assim está em guerra contra quem? Olhando para os últimos quinze anos da minha vida, desde que descobri a força e o poder de Exu e Pombagira e estabeleci com eles uma relação de cumplicidade e intimidade, só consigo pensar que quem vive em guerra eterna contra o mundo, talvez esteja, a bem da verdade, em guerra contra si mesmo. Afinal, tão certo quanto o fato de que o mundo pode ser um lugar perigoso e violento é que ele também pode se tornar um lugar de vitórias e prazeres.

Para isso, porém, é necessário que estejamos dispostos e reconhecer a responsabilidade que nos cabe a cada decisão tomada e a cada passo dado. Tão importante quanto isso, é conhecermos o caminho à frente, os perigos que estão escondidos nas sombras e como evitá-los, mas, acima de tudo, quais vitórias e conquistas podemos alcançar no momento presente e as maneiras de chegar até elas evitando os dissabores do caminho. Somente assim poderemos escolher nossos passos com consciência e verdadeiramente tomarmos a vida em nossas próprias mãos... E o que você vai aprender agora permitirá que todos esses aspectos se expliquem e que todas essas questões sejam respondidas.

Talvez eu não devesse falar isso assim, tão abertamente, mas enquanto o *Oráculo de Quatro Búzios* é uma ferramenta de comunicação direta com um Espírito em específico ou de confirmação de questões objetivas, o *Oráculo de 12 Búzios* realmente tem função mais ampla e consegue ir além, mas se resume a uma dinâmica de perguntas sobre quaisquer assuntos feitas a um grupo restrito de Espíritos e suas respostas. Por outro lado, os simbolismos mágicos e espirituais dos Reinos de Quimbanda se propõem a explicar o universo em todas as suas nuances, com um olhar amplo sobre os diversos aspectos da vida coletiva e suas inter-relações. Porém, tudo o que acontece no mundo é nada mais, nada menos, do que a soma das escolhas e atitudes de cada indivíduo e de suas consequências e, assim, a Mesa Imperial refletirá todas elas e, ao trazê-las para o contexto individual da vida de quem a consulta, tratará de explicar os aspectos mais sutis da existência.

A primeira vez que eu vi isso acontecendo mudou completamente a minha relação com Exu e Pombagira e me fez perceber a profundidade da Quimbanda como um caminho de vida e não apenas como uma prática de magia. Em meados de 2011, quando me preparava para receber meu *Aprontamento* na Quimbanda, *Seu 7 Facadas* – o Exu que comanda a minha vida e os meus caminhos - ordenou, sem maiores explicações e para minha estranheza, que junto às oferendas e sacrifícios realizados fossem incluídos oito búzios e uma moeda, preparados e consagrados por ele a partir de fundamentos que aprendera nos terreiros que frequentou quando encarnado, em meados do Século XVIII. Além disso, *Seu Facada* também ordenou que, junto às *Guias Imperiais* do meu *Aprontamento* – como são chamados os fios-de-conta feitos com sete ou nove voltas de miçangas nas cores dos Reinos e *Cruzamentos* de cada Espírito, de uso restrito aos *Prontos*, os *brajás* do Sudeste -, fosse consagrada uma outra *Imperial*, com doze gomos em cores diferentes, conforme sua orientação. Os objetos foram providenciados, meu *Aprontamento* foi realizado e a vida seguiu seu rumo. Até que, de repente, a cada vez que *Seu 7 Facadas* se manifestava – o que acontecia quase que uma ou duas vezes por semana -, ele pegava os sete búzios, a moeda e a *Imperial dos Reinos* e ensinava cada um dos seus mistérios.

Seus ensinamentos foram sendo detalhadamente anotados até que, cerca de três anos depois, num capítulo do livro "**Desvendando Exu: o Guardião dos Caminhos**", a *Mesa Imperial* foi mostrada pela primeira vez, de maneira discreta e sem ensinar como jogá-la. Afinal, ainda que já há alguns anos eu utilizasse esse oráculo com grande assertividade para mim mesmo, para amigos e familiares, e para os consulentes que me procuravam, esse era um conhecimento empírico, que aprendi com *Seu 7 Facadas* e por confiar nas suas palavras. As anotações que eu fazia eram rabiscos pessoais, sem codificação ou pretensão de serem passadas adiante. Nos últimos sete anos, porém, dediquei boa parte do meu tempo a organizar seus segredos de maneira didática, para que outros sacerdotes também pudessem usar da *Mesa Imperial* em seus templos e orientar seus iniciados com a mesma profundidade e seriedade com a qual, por mais de uma década, eu oriento os meus. O resultado disso está agora em suas mãos.

  Essa, talvez, seja a principal diferença entre a Mesa Imperial e os demais métodos oraculares de Quimbanda: sua capacidade de, na simplicidade dos seus elementos, não apenas responder às perguntas feitas, mas retratar a vida, as angústias e os desejos de quem a consulta. Não somos apenas matéria. Não somos apenas espírito. Somos, enfim, a soma dos dois. Assim, somente a partir da identificação das influências espirituais que cada Reino exerce sobre nossas vidas em conjunto com os aspectos emocionais e subjetivos que eles imprimem em nossa existência, nos levando a agir e reagir dessa ou daquela maneira frente a cada desafio ou oportunidade que se apresenta em nossos caminhos, é que a vida pode ser explicada e compreendida.

  Para que se consiga enxergar todas essas nuances e compreender as mensagens mais profundas da Mesa Imperial, porém, não basta conhecer o significado dos Sete Reinos e seus

Povos e os domínios mágicos e espirituais dos incontáveis Exus e Pombagiras existentes. Acima de tudo, é preciso que eles reconheçam a pessoa que tenta lhes acessar e estejam dispostos a se comunicar tão profundamente. Afinal, tal qual na vida do mundo físico, nossos maiores segredos não são ditos a qualquer pessoa, mas somente àquelas em quem confiamos e com quem temos intimidade verdadeira. Assim, **o oráculo da Mesa Imperial é de uso exclusivo de sacerdotes de Quimbanda**, que passaram por todos os ritos iniciáticos e obtiveram os graus hierárquicos que lhes fazem reconhecidos por todos os Reinos como legítimos intermediários entre o mundo dos vivos e o mundo dos mortos.

A tentativa de interpretação desse oráculo por não-iniciados ou por iniciados sem o sacerdócio seria como uma conversa entre pessoas que não falam o mesmo idioma: por mais esforço que façam, um não entenderá o que o outro está dizendo e o resultado será nada mais do que frustração. Ainda assim, mesmo que você não seja sacerdote ou sacerdotisa, a leitura deste livro não termina aqui. Ao contrário, encare os próximos capítulos como uma provocação dos Espíritos. Neles, você descobrirá como os simbolismos e as magias dos Reinos de Quimbanda podem ser fonte de sabedoria e aprimoramento pessoal, como os Reinos se apresentam numa consulta e como se comunicam conosco para que possamos verdadeiramente transformar as nossas vidas e conquistar as maiores vitórias possíveis. Se, ao final da leitura, assim como eu, você também sentir que a profundidade da Quimbanda pode ser um caminho grandioso para a sua vida e perceber-se de frente a uma Encruzilhada, tenha certeza de que ali, mesmo sem conseguir vê-los completamente, Exu e Pombagira estão lhe chamando.

ELEMENTOS DO JOGO

O *Oráculo da Mesa Imperial* é composto por um fio-de-contas chamado *Imperial dos Reinos,* sete búzios de mesmo tamanho, um búzio maior do que todos eles e uma moeda, que pode tanto ser antiga quanto de valor corrente. Diferentemente do *Oráculo de Quatro Búzios,* na Mesa Imperial, não há diferença entre búzios *machos* ou búzios *fêmeas;* ainda assim, é importante que, dos sete búzios de mesmo tamanho, ao menos dois deles sejam *machos* e dois sejam *fêmeas,* o que facilitará seu uso nas confirmações necessárias durante as consultas. Além disso, esse oráculo pode ser jogado sobre qualquer superfície: tábua, peneira, toalha, não importa. O importante, nesse caso, é que seja jogado sobre uma superfície plana, onde será colocada a *Imperial dos Reinos* completamente aberta e em formato de círculo: é dentro dela que todas as jogadas serão realizadas e interpretadas.

Imperial dos Reinos: um microcosmos sobre a mesa

Enquanto os Reinos da Quimbanda simbolizam todas as energias e espíritos nela cultuados e todos os aspectos da vida - física, emocional e espiritual -, a *Imperial dos Reinos* materializa esse universo em frente aos nossos olhos. Tão importante e profundo quanto isso, ela simboliza a união de todas essas forças, o início e o fim dos ciclos da vida. Da mesma maneira como os doze gomos que a formam são ligados entre si, quando a *Imperial dos Reinos* é colocada sobre a mesa de jogo, ela cria um microcosmo simbólico que representa a vida da pessoa a quem se faz a leitura oracular, mostrando que tudo está interligado e que seu destino depende tanto das situações e escolhas vividas anteriormente quanto das decisões e passos que trilhará dali por diante.

Assim, cada jogada dos búzios dentro dela representará um conjunto de situações, caminhos, possibilidades de escolha e orientações que revelarão a força de Exu e Pombagira e sua influência na vida cotidiana.

De maneira prática, a *Imperial dos Reinos* é formada por 7 fios contínuos de cordonê[16], que serão divididos igualmente em 12 gomos com 21 contas de miçanga cada fio (exceto o último gomo, que terá 25 contas). As miçangas de cada gomo deverão obedecer às cores do Reino a que correspondem ou conforme indicado a seguir, assim como a sequência dos gomos também deve ser observada. Começando pelo Reino das Encruzilhadas, os primeiros seis corresponderão aos Reinos da Quimbanda como já apresentados, até o Reino da Lira. Após ele, um gomo é dedicado ao Povo Cigano (cores misturadas, como um arco-íris, sem a cor preta) e o gomo seguinte, é dedicado à Malandragem, que mesmo sendo um Povo da Lira, tem culto paralelo

---

[16] Um tipo de cordão de algodão encerado. Algumas pessoas utilizam fio de nylon para seus fios-de-conta, ao que sou contrário, afinal eles receberão sacrifícios animais e o sangue desses sacrifícios não penetra no nylon, ao passo que é absorvido pelo algodão.

(vermelho e branco intercalados). Após esse, o nono gomo corresponderá ao Reino das Praias, seguido de um gomo de contas transparentes, dedicado aos Eguns, e um gomo de contas furta-cor escuras ou branco e roxo intercaladas, dedicado às Bruxas e Pandilhas. Por fim, o último gomo também se tornará o primeiro quando a *Imperial dos Reinos* for disposta em círculo, e representa Exu Maioral, sendo feita de três sequências de 7 contas vermelhas intercaladas por uma conta preta entre elas e nos limites do gomo, totalizando 25 contas (2 + 5 = 7, o número-base da Quimbanda). Assim, se a *Imperial dos Reinos* tem 12 gomos, é justamente pela dualidade *macho/fêmea* de Exu Maioral que se completam as treze potências espirituais a serem desvendadas na *Mesa Imperial*.

7 Búzios Principais: as encruzilhadas da vida

Os sete búzios principais da *Mesa Imperial* representam os 7 Reinos da Quimbanda e suas potências, assim como também representam as 7 Encruzilhadas que simbolizam a anunciação da Quimbanda e a independência de Exu e Pombagira frente à subjugação que os punha como serventes espirituais nas tradições em que anteriormente já eram cultuados. Assim, a interpretação de suas caídas acontece de forma completa a cada vez que são lançados sobre o microcosmos formado pela *Imperial dos Reinos* a partir de duas leituras principais que se complementam: a primeira, pela contagem de quantos búzios *abertos* se apresentam; a segunda, pela interação desses búzios *abertos* com a *Imperial dos Reinos*, ao analisar a maneira como eles se posicionam dentro dela e para quais dos doze gomos eles se direcionam.

Além disso, numa formatação ideal, ao menos dois desses búzios serão *machos* e dois *fêmeas*, que serão utilizados durante a consulta para confirmações, da mesma maneira que é feito com o *Oráculo de Quatro Búzios*. Nesse sentido, porém, não é necessário que se tenham outros quatro búzios para isso; quando as interpretações da consulta precisarem ser confirmadas, tomam-se quatro búzios quaisquer do conjunto principal e procede-se com as perguntas de *sim ou não* normalmente.

Um búzio maior: o potencial de transformação

Assim como todos os Espíritos têm sua origem simbólica numa potência que representa os aspectos positivos e negativos da existência em si mesma, também a interpretação da *Mesa Imperial* dependerá da influência de Exu Maioral, representado por um búzio maior que os demais. Macho e fêmea simultaneamente, seu simbolismo aqui também se apresenta e este será o único búzio que tem significado tanto quando cai *aberto*, quanto quando cai *fechado*. Assim, tão importante quanto observar os búzios principais *abertos* em cada jogada e as maneiras como eles interagem entre si e com os Reinos da Quimbanda dispostos na *Imperial dos Reinos*, sua interpretação dependerá de como o Búzio Maior se coloca: se *aberto*, indica os potenciais e significados positivos daqueles Reinos; se *fechado*, seus potenciais e significados negativos. É somente a partir dessa leitura de 7 + 1 búzios que se torna possível compreender quais aspectos da vida estão em jogo e se esses aspectos se apresentam como oportunidade de vitória ou desafio à transformação da vida do consulente.

Uma moeda: a matéria e o espírito

A Quimbanda é uma tradição que se propõe a cuidar e desenvolver tanto os potenciais *espirituais* quanto os potenciais *materiais* de seus iniciados e consulentes, assim como os Reinos de Quimbanda buscam explicar tanto os aspectos objetivos quanto os subjetivos da existência. Assim, quando corretamente interpretada, a *Mesa Imperial* também mostrará se as mensagens ali decifradas se relacionam ao mundo dos vivos ou ao mundo dos mortos, se elas se referem a circunstâncias e dinâmicas entre os encarnados ou às influências dos Espíritos. Para isso servirá a moeda que compõe o conjunto desse oráculo, que pode tanto ser de uso corrente quanto antiga. O que importa, aqui, é que a moeda utilizada tenha numa de suas faces a figura de um rosto humano e, na outra, um número que represente seu valor monetário. O lado com a figura humana representará, obviamente, os aspectos físicos e materiais da existência, as dinâmicas objetivas da vida e a interação positiva ou negativa entre os vivos. Em contrapartida, o lado em que aparece o valor monetário da moeda representará a multiplicidade de Exu e Pombagira, os aspectos subjetivos, simbólicos e espirituais da existência, a influência direta de Espíritos sobre a situação em voga ou, ainda, a presença desses Espíritos durante a consulta.

Uma sineta: invocando os Espíritos

O som é um elemento mágico em todas as tradições espirituais: os sinos das Igrejas, os tambores dos Povos Originários, os chocalhos e *asons* das tradições caribenhas, os *ilús* e atabaques, *ajês* e *xequerés*, *adjás* e sinetas das tradições de matriz africana e afro-brasileiras, todos esses objetos têm a função objetiva de avisar à comunidade ao seu entorno que um momento sagrado está acontecendo e, especialmente, quando manuseados por seus sacerdotes e iniciados, têm a função simbólica de invocar as Divindades e Espíritos para participarem das sessões de trabalho ou das festividades em sua homenagem. Assim, ainda que fundamental para a sua prática, a Sineta não é propriamente um elemento da *Mesa Imperial*, mas sim do sacerdote ou do iniciado que tenha passado pelo ritual de *Aprontamento* e recebido a sineta consagrada, com a permissão de invocar os Exus e Pombagiras. Isso não impede, porém, que na consagração dos *Mesa Imperial* se consagre, junto, uma sineta de uso exclusivo do jogo.

ABRINDO A CONSULTA

Assim, cada jogada da *Mesa Imperial* deverá ser feita lançando-se simultaneamente os sete búzios principais, o búzio maior e a moeda dentro do espaço criado pela *Imperial dos Reinos*, disposta da seguinte maneira: o gomo representando Exu Maioral no topo e, em sentido anti-horário, os gomos dos Reinos de Exu, ao que o gomo relacionado às Bruxas e Pandilhas estará à direita de quem joga. A partir das interrelações criadas entre esses elementos e seus simbolismos interpretaremos suas mensagens, compreendendo a que aspectos da vida se relacionam e com quais outros se intercambiam, se são positivos ou negativos, se tratam de assuntos cotidianos ou espirituais, se têm relação com pessoas do nosso convívio ou com os Espíritos.

Antes disso, porém, é preciso que se realize a abertura da consulta, o momento em que todos os Reinos da Quimbanda são louvados e invocados para se fazerem presentes e participarem da conversa que se estabelecerá dali pra frente. Para tanto, batendo-se suavemente a sineta com uma das mãos e tomando-se todos os elementos do jogo com a outra, saúdam-se os quatro pontos limítrofes da *Imperial dos Reinos* com um leve toque da mão que segura os búzios sobre o espaço criado por ela, conforme indica a figura a seguir, pronunciando-se a reza de abertura, a fim de invocar os Espíritos e iniciar a leitura oracular. O movimento da mão sobre a *Imperial dos Reinos* deve ser repetido por todo o tempo em que se faz a reza de abertura, e simboliza uma saudação aos quatro cantos das Encruzilhadas, Reino que abre as portas de comunicação com os Espíritos.

Finalizada a invocação, a mão em movimento deve tocar firmemente e uma única vez o centro do espaço criado pela *Imperial dos Reinos* (ponto 5 da figura), lançando os oito búzios e a moeda ao ar e deixando que caiam livremente sobre o espaço de jogo. A esse movimento, realizado cada vez que uma nova interpretação ou pergunta surja na consulta, chamaremos "caídas completas", em distinção das jogadas que usarem apenas quatro búzios, conforme já aprendido, que são chamadas "caídas de confirmação".

Semelhante ao que acontece com o *Oráculo de Quatro Búzios*, uma vez que o canal de comunicação com esses Espíritos é aberto, o encerramento da consulta não acontece simplesmente quando nossas perguntas são satisfeitas. Entretanto, por se tratar de um oráculo muito mais complexo, que explora e decodifica todas as áreas da vida do consulente através de uma "conversa coletiva" com diversos Espíritos, esperar até que "a conversa termine" poderia nos fazer jogar por horas ou dias a fio. Assim, quando nossas perguntas tiverem sido satisfeitas ou quando o tempo de consulta tenha sido atingido, tomam-se *quatro búzios dos sete principais em mãos* e, seguindo-se a mesma técnica do oráculo anterior, pergunta-se aos Espíritos se podemos encerrar a leitura. Caso a resposta seja *sim*, recolhem-se os búzios normalmente; caso a resposta seja *não*, usando-se *exclusivamente os quatro búzios*, investiga-se qual a mensagem ou interpretação final ao consulente. Uma vez conhecida e comunicada essa mensagem, encerra-se a consulta normalmente. Por experiência, os quatro búzios costumam responder negativamente ao encerramento da consulta não quando ainda restam assuntos a serem tratados, mas especialmente quando faltam ser identificados rituais específicos ao que já foi discutido até então.

Ainda como no Oráculo de Quatro Búzios, a qualquer tempo, se o oráculo responder com os todos os oito búzios *fechados*, significa que os Espíritos deram a consulta por encerrada e nenhuma outra pergunta deve ser feita. Se, porventura, os sete búzios principais responderem *fechados* e apenas o Búzio Maior responder *aberto*, a consulta principal se dá por encerrada, mas se inicia uma conversa direta com Exu Maioral, para averiguar quais mensagens ele, especificamente, tem ao consulente. Para isso, tomam-se *quatro búzios dos sete principais em mãos* e procede-se da mesma maneira usual até o encerramento da conversa com Exu Maioral. Em ambos os casos, deve-se providenciar com urgência um ritual de limpeza espiritual ao consulente, pois o fechamento arbitrário da consulta à *Mesa Imperial* dá o recado final dos Espíritos: há negatividades intensas no caminho do consulente que o impedem de atingir seus objetivos e qualquer pergunta dali em diante será respondida com um *não* devido a essa influência.

Reza de Abertura

Alupandê Exu Maioral!
Alupandê Exu e Pombagira!
Alupandê o Reino das Encruzilhadas!
Alupandê o Reino dos Cruzeiros!
Alupandê o Reino das Matas!
Alupandê o Reino dos Cemitérios!
Alupandê o Reino das Almas!
Alupandê o Reino da Lira!
Ori ô o Povo Cigano!
Alupandê a Malandragem!
Alupandê o Reino das Praias!
Alupandê *[Nome do Exu de seu iniciador]*!
Alupandê *[Nome da Pombagira de seu iniciador]*!
Alupandê *[Nome do seu Exu de iniciação]*!
Alupandê *[Nome da sua Pombagira de iniciação]*!
[A partir daqui, pode-se invocar outros Espíritos]
Alupandê as almas dos Falecidos!
Alupandê todo o Povo de Exu!

CONSULTANDO O ORÁCULO

Diferentemente dos outros dois oráculos apresentados neste livro, as caídas da *Mesa Imperial* não têm interpretações individuais, visto que sua leitura é feita a partir da interpretação dos 7 búzios principais combinados com o Búzio Maior, a moeda e suas posições em relação aos doze gomos da *Imperial dos Reinos*. Para se ter ideia, deixando de lado o contexto de vida de cada consulente, num simples cálculo de análise combinatória, a *Mesa Imperial* pode resultar em mais de 100.000 possibilidades diferentes, sendo humanamente impossível descrever todas elas.

Da mesma maneira, a consulta à *Mesa Imperial* não começa com uma pergunta. Ao contrário, feita a invocação de abertura, a primeira jogada determina o assunto principal a ser tratado durante a consulta, sem que o consulente precise dizer a que veio. Assim, essa primeira jogada é a mais importante de todas, pois trará em si um resumo de tudo o que precisa ser dito durante a leitura como um todo. Entretanto, outras jogadas completas serão feitas para detalhar esse resumo ou para responder às perguntas específicas do consulente, assim como a qualquer momento podem-se tomar quatro búzios em mãos e utilizá-los como confirmação daquilo que o sacerdote desejar.

Outra opção é, logo após a reza de abertura, mentalizar ou pronunciar a área da vida que se deseja verificar e, uma vez interpretada, em vez de abrir a consulta às perguntas do consulente, seguir com caídas completas para outras áreas da vida e suas respectivas interpretações, como uma leitura completa e temática.

Com isso, muito mais do que uma lista ou tabela de significados, é o conhecimento do sacerdote sobre as peculiaridades de cada Reino da Quimbanda, assim como a sua sensibilidade em identificar as sutilezas desses Reino e seus *Cruzamentos* frente à realidade de vida do consulente que determinarão a assertividade e a profundidade da leitura. Ainda assim, há uma sequência básica a ser seguida para a interpretação de cada jogada, que será explica a seguir. Por isso, fique tranquilo: se você compreender lógica por detrás desse processo, quanto mais vezes consultar a *Mesa Imperial*, melhores e mais completas serão suas leituras, afinal, a prática leva à perfeição!

Sequência de interpretação

A sequência básica de interpretação de todas as caídas completas da *Mesa Imperial* acontece da maneira descrita a seguir, em ordem de prioridade de leitura:

1. Reino de Abertura;
2. Búzio Maior;
3. Moeda;
4. Cruzamentos.

Além dessa sequência, as configurações de caídas indicadas no capítulo "Outros tipos de interpretação" adiante, assim como no capítulo "Outras caídas importantes" sobre o *Oráculo de Quatro Búzios*, caso aconteçam, podem ser interpretadas a partir da jogada simples feita na etapa "Cruzamentos" da jogada completa.

O REINO DE ABERTURA

Dos sete búzios principais, contam-se quantos caíram com o lado *aberto* voltado para cima. A partir dessa contagem é que se identifica o Reino que abre a leitura dessa jogada, a saber:

1. Reino das Encruzilhadas
2. Reino dos Cruzeiros
3. Reino das Matas
4. Reino dos Cemitérios
5. Reino das Almas
6. Reino da Lira
7. Reino das Praias

Uma vez que o Povo Cigano e a Malandragem são subgrupos do Reino da Lira, eles nunca abrirão uma leitura da *Mesa Imperial*. Da mesma maneira, uma vez que os Eguns e as Bruxas / Pandilhas são comandadas por um Exu ou Pombagira, essas energias também não assumem a abertura do jogo. Todos eles, porém, podem responder a partir da leitura dos *Cruzamentos*, que será explicada a seguir. Por sua vez, se todos os sete búzios principais caírem com o lado *fechado* voltado para cima, quem responde é Exu Maioral e deve-se proceder como já explicado.

BÚZIO MAIOR

Identificado o Reino de Abertura dessa caída, o próximo passo é verificar se suas energias se apresentam no aspecto positivo ou negativo. Para isso, observa-se o Búzio Maior, que representa as duas polaridades de Exu Maioral. Se o Búzio Maior estiver com o lado *aberto* virado para cima, as energias respondem em seu aspecto positivo; se estiver com o lado *fechado* virado para cima, as energias respondem em seu aspecto negativo.

MOEDA

Compreendida a vibração das energias do Reino de Abertura, o próximo passo é verificar se as mensagens se relacionam a aspectos objetivos e materiais ou subjetivos e espirituais. Essa leitura é feita pela face da moeda que aparece virada para cima. Se nela houver a figura de um rosto humano, a mensagem trata de aspectos objetivos e materiais, podendo indicar o próprio consulente ou uma pessoa relacionada a ele. Por sua vez, se a face da moeda mostrar seu valor monetário, representando os múltiplos caminhos de Exu e Pombagira, a mensagem trata de questões espirituais, podendo indicar os Espíritos do Reino de Abertura, interpretações de cunho espiritual ou, ainda, a necessidade de trabalhos espirituais ao consulente ou demandas contra ele. A interpretação sobre os significados de cada lado da moeda dependerá, principalmente, do contexto de leitura da caída completa. Ainda assim, caso haja dúvidas, o sacerdote pode tomar quatro búzios e usá-los como confirmação simples para investigar o significado específico desse elemento do jogo.

CRUZAMENTOS

O ponto-chave para uma interpretação profunda através da *Mesa Imperial* começa agora! Aos significados e interpretações feitas ao analisarmos o Reino de Abertura, sua vibração indicada pelo Búzio Maior e do aspecto matéria/espírito indicado pela moeda, vamos associar os outros Reinos e Energias com os quais eles fazem *Cruzamento* na *Imperial dos Reinos*. Para isso, tomam-se todos os búzios principais que caíram *fechados* e faz-se uma nova jogada com eles, sem mexer nos búzios que caíram *abertos*. Se, na primeira jogada, todos os búzios apareceram *abertos*, não se faz a essa segunda jogada em questão, passando diretamente à interpretação dos *Cruzamentos*.

Assim, observando os búzios principais que apareçam *abertos* depois dessa jogada simples, devemos observar para quais gomos da *Imperial dos Reinos* a ponta superior de cada um deles está direcionada e, a partir daí, contextualizar os significados de cada um deles como complementares aos significados do Reino de Abertura. Olhando para o espaço de jogo criado pela *Imperial dos Reinos*, a leitura dos *Cruzamentos* deve ser feita a partir do búzio que esteja mais próximo do gomo de Exu Maioral e em sentido anti-horário. Além disso, quando os búzios em *Cruzamentos* apontarem para um mesmo Reino, deve-se considerar seus significados apenas uma vez, mas aprofundar a interpretação, vez que a influência desse Reino se multiplica.

Observe o exemplo abaixo, que teve como Reino de Abertura o Reino dos Cruzeiros - portanto, dois búzios *abertos* -, o Búzio Maior em *positivo*, a moeda com a face do rosto humano virada para cima e, na jogada simples, outros dois búzios *abertos*. Os números ao lado de cada búzio *aberto* indicam o sentido de leitura desses *Cruzamentos* (as linhas tracejadas são imaginárias, utilizadas apenas para facilitar a compreensão):

Reino de Abertura: Cruzeiros

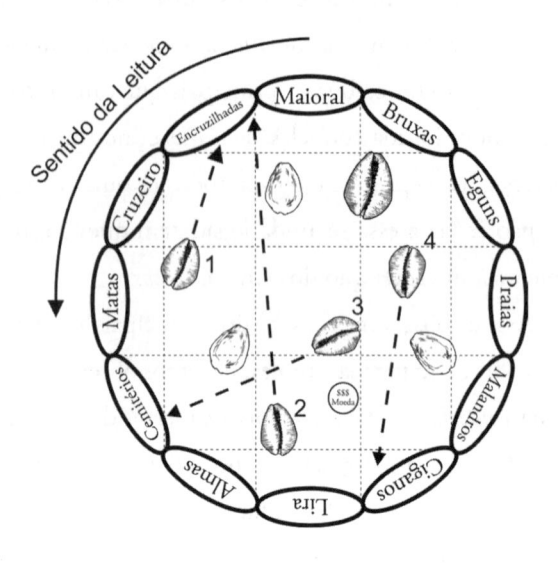

Considerando as interpretações sobre os elementos iniciais, podemos afirmar que o consulente tem <u>necessidade de mudanças</u> (*Reino de Abertura*) em relação aos aspectos materiais da <u>vida</u> (*Moeda*) <u>e que elas serão positivas</u> (*Búzio Maior*). Essa leitura já direcionaria a consulta e poderia ser detalhada através de perguntas, mas ainda não seríamos assertivos o suficiente.

Agora, observando os *Cruzamentos* a partir do gomo que representa Exu Maioral e em sentido anti-horário: o primeiro e o segundo búzios apontam para o Reino das Encruzilhadas, ao que daremos maior importância aos seus significados; na sequência, o terceiro búzio aponta para o gomo do Reino dos Cemitérios e o quarto búzios para o gomo do Povo Cigano. Portanto:

- O Reino das Encruzilhadas representa o movimento em ação e afirma que o consulente não

só tem *a necessidade* de mudanças, como elas *já estão acontecendo*;
- O Reino dos Cemitérios representa uma situação que se encerra favoravelmente ou, ainda, uma situação de estabilidade (afinal, os mortos não se mexem);
- O Povo Cigano representa a prosperidade, o ganho financeiro e as mudanças geográficas, dado o seu arquétipo andarilho.

Assim, aprimorando a interpretação inicial: o consulente recebeu uma proposta de mudança (*Cruzamento na Encruzilhada + repetição, fala de aberturas e novos caminhos*) que lhe permite deixar para trás o que já tinha antes [*morte simbólica*], pois trará segurança e estabilidade (*Cruzamento nos Cemitérios*) financeiras e profissionais (*Cruzamento com o Povo Cigano falando de dinheiro*) ao ir para uma empresa diferente da qual trabalha atualmente (*repetição da Encruzilhada reforçada pelo Povo Cigano falando de mudança de local*).

Outros tipos de interpretação

Além das diversas interpretações secundárias já conhecidas no método do *Oráculo de Quatro Búzios* e que valem também para a *Mesa Imperial*, outras leituras podem ser feitas em sequência aos *Cruzamentos,* quando acontecerem e quando puderem ser contextualizadas à mensagem dos Espíritos.

Barracões de Interpretação

Eventualmente, os búzios *abertos* apresentarão o que chamamos de "barracões", ou seja, subgrupos de búzios mais próximos entre si, que auxiliam a interpretação em relação à caída de abertura. Nesses casos, não se consideram os gomos para onde os barracões apontam, mas somente a contagem dos búzios *abertos* que os formam. Assim, na figura anterior, observe que dos búzios que aparecem *abertos* após a jogada simples, três deles estão mais próximos entre si, abaixo e à direita, enquanto um búzio aparece mais distante, no topo à esquerda.

Assim, esse único búzio pode ser considerado um barracão por três motivos que se complementam: estar sozinho ao mesmo tempo em que está próximo e aponta para o gomo que representa o Reino das Encruzilhadas. Três interpretações sobre o Reino das Encruzilhadas reafirmam a novidade que surge e, por isso, afirmamos que é um *novo* emprego e não apenas uma *promoção profissional*. Numa outra situação em que um búzio sozinho não apontasse para o Reino das Encruzilhadas ou não estivesse muito próximo a ele, não seria considerado barracão.

Da mesma maneira, os três búzios que aparecem abaixo e à direita estão próximos entre si, formando outro barracão. Assim, sendo 3 o número que representa o Reino das Matas, mesmo que esse Reino não apresente *Cruzamento* nessa leitura pois os búzios *abertos* não apontam para ele, o surgimento desse barracão permite que seus significados sejam contextualizados à interpretação geral, reafirmando que a mudança prevista será grandiosa, tal qual as árvores crescem aos céus.

FIGURAS GEOMÉTRICAS

Tal qual no *Oráculo dos Quatro Búzios*, a interpretação de figuras que se formam a partir dos búzios *abertos* também pode ter significado. Pela maior quantidade de búzios usados na *Mesa Imperial* e, portanto, maiores possibilidades de figuras, a sensibilidade do sacerdote precisa estar aguçada a fim de enxergá-las. No exemplo, os três búzios *abertos* à direita da *Imperial de Búzios* formam um "caminho" que é coroado pelo Búzio Maior, reafirmando o sucesso. Porém, lendo a figura no sentido anti-horário, apenas o primeiro búzio aponta para cima, enquanto os outros dois apontam para baixo. Assim, é possível afirmar que o consulente resiste em tomar a decisão de trocar de emprego, mas a figura coroada por Exu Maioral reafirma que o sucesso e o novo caminho à sua frente deve ser trilhado.

Exemplos de leitura

Os exemplos a seguir retratam a sequência de interpretação de uma jogada completa e são explicados em duas etapas diferentes: jogada principal, onde identificaremos o Reino de Abertura, e *Cruzamentos*.

01 - FEITIÇARIA CONTRA O CONSULENTE

Imagine que, feita a reza de invocação, na jogada de abertura, os búzios caiam da maneira como mostra a figura abaixo: 3 búzios principais *abertos*, Búzio Maior negativo e moeda com a face do valor para cima, portanto aspectos espirituais:

Jogada Principal

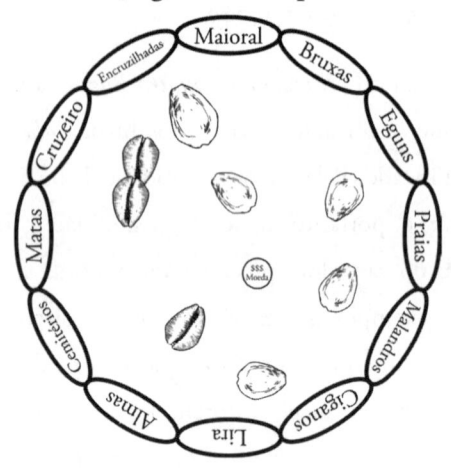

Responde o Reino das Matas que, em seu aspecto negativo, representa a fúria dos animais e o veneno das plantas. Com isso já podemos suspeitar que ele está sendo vítima de feitiços. Mas de quem? Fazemos, então, a jogada de *Cruzamentos*.

Cruzamentos

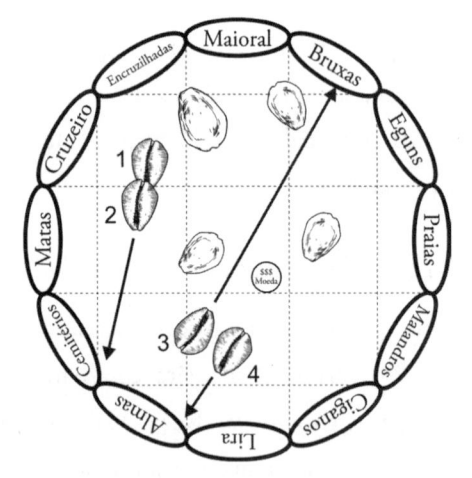

Jogando os búzios principais que caíram *fechados*, conforme a figura anterior, e fazendo a leitura de seus *Cruzamentos* em sentido anti-horário, podemos observar que:

- Dois búzios, já na abertura, apontam para o Reino dos Cemitérios;
- Esses mesmos dois búzios estão em sobreposição, a parte fechada de um sobre a parte aberta do outro;
- O terceiro búzio da abertura aponta diretamente para o gomo relacionado às Bruxas / Pandilhas;
- O quarto búzio, que respondeu nessa jogada secundária, aponta para o Reino das Almas;
- Esse mesmo quarto búzio ainda se põe ao lado do anterior, mas em posição contrária;
- Há dois conjuntos de barracões, formados por dois búzios cada.

Com isso, podemos afirmar que: há feitiçaria (*Matas em negativo + Cruzamento com Cemitérios e Bruxas*) feita contra ele por uma mulher (*Cruzamento com Bruxas*) que o persegue (*búzios sobrepostos para baixo*) por nutrir sentimentos por ele (*Cruzamento nas Almas*) mas que não é correspondida (*dois búzios em direções contrárias*). Como os dois barracões estão relacionados ao Reino dos Cruzeiros (*tentativa de transformação*), sendo que um desses barracões aponta diretamente para o Reino das Almas (*sentimentos*) e outro está próximo à divisão entre o Reino das Almas e o Reino da Lira (*luxúria ou sexo*), podemos ainda afirmar que esse feitiço tenta modificar os sentimentos amorosos e/ou sexuais do consulente sobre a mulher que lhe ataca.

Independentemente do motivo, a presença do Reino das Matas na jogada de abertura já indicava a necessidade de uma limpeza espiritual. Ainda assim, tomam-se quatro búzios para confirmar a necessidade de outros trabalhos, a fim de quebrar a feitiçaria identificada, já que ela não se trata puramente de negatividade, mas de ataque e tentativa de domínio.

02 – DESAFIO NAS MATAS

Este exemplo mostra a importância dos *Búzios de Confirmação* numa consulta completa. Feita a reza de invocação, na abertura, os búzios caem semelhantes ao exemplo anterior, porém o Búzio Maior está em seu aspecto *positivo*.

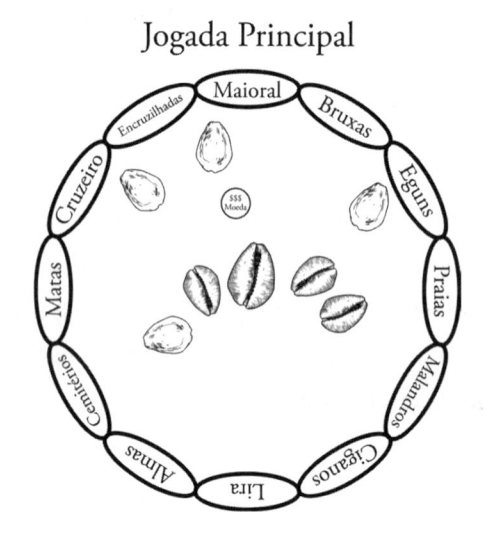

Jogada Principal

A interpretação básica sobre o Reino das Matas diz que a questão do consulente terá sucesso e será grandiosa.... Mas, que questão é essa? Seguimos, então, à jogada de *Cruzamentos:*

Cruzamentos

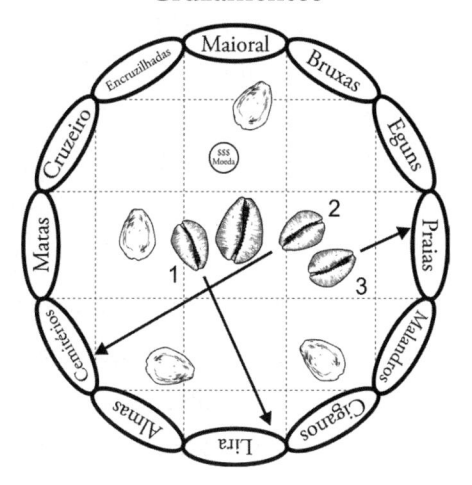

Jogando, então, os búzios principais que caíram *fechados*, nenhum deles responde *aberto*, mantendo a mesma configuração da abertura, conforme a figura anterior. Com isso, fazendo a leitura dos Cruzamentos dos três búzios *abertos*, em sentido anti-horário, podemos observar que:

- O búzio principal à esquerda do Búzio Maior aponta para o Reino da Lira, quase na divisão com o gomo relacionado ao Povo Cigano;
- A moeda está entre o Búzio Maior, que aponta para cima, e o gomo relacionado a Exu Maioral;
- O segundo búzio, aponta para o Reino dos Cemitérios;
- E o terceiro búzio aponta para o Reino das Praias;
- Os dois búzios à direita formam um barracão do Reino dos Cruzeiros, mas estão em sentido contrário um ao ouro, indicando oposição ou contrariedade.

Essa é uma jogada desafiadora e de difícil interpretação, uma vez que os significados do Reino das Matas quando em seu aspecto positivo comumente não falam de si, mas dos demais Reinos que surgirem. Porém, nenhum outro Reino se apresentou e, assim, poderíamos querer fazer uma nova jogada ou usar o *Oráculo de Quatro Búzios* para melhor contextualizar. Ainda assim, ao observar com atenção o que dizem os *Búzios de Exu*, a interpretação dessa jogada pode ser feita da seguinte maneira: apesar de uma grande vitória ou conquista estar nos caminhos à frente (*abertura nas Matas*), o consulente é dado aos prazeres mundanos (*Cruzamento na Lira*), pelo que tem resistido (*búzios em direções opostas*) em se aproximar (*cruzamento na Praia*) da sua espiritualidade (*moeda*), sem perceber que é esse o caminho que lhe trará o equilíbrio necessário (*cruzamento nos Cemitérios*) para alcançar o que deseja. A vitória tão anunciada é reafirmada por Exu Maioral (*que aponta positivamente para si mesmo*).

Uma observação importante sobre o Reino das Matas é que, justamente por seus significados serem indefinidos em si mesmos e geralmente exigirem maior atenção, ao lançarmos os quatro búzios principais restantes, podemos tanto interpretá-los em relação aos *Cruzamentos* que surgirão quanto, ainda, pelo significado das caídas complementares do Oráculo de Quatro Búzios, ou seja: caída principal com 3 *abertos* + caída complementar com nenhum *aberto*. Assim, complementando a interpretação da caída completa, podemos afirmar ao consulente que espiritualmente tudo está bem, mas a vitória desejada somente chegará com a mudança de seu comportamento (*Cruzamento nos Cruzeiros + caída complementar 3-0*), encerrando a questão.

DIEGO DE OXÓSSI

03 – UM ANTIGO AMOR ESTÁ VOLTANDO

O exemplo a seguir mostra como nem sempre precisamos observar todos os *Cruzamentos* da leitura para chegar a uma resposta completa. Na jogada de abertura, os búzios caem como mostrado na figura a seguir: cinco búzios *abertos*, Reino das Almas, Búzio Maior positivo, moeda mostrando a face humana:

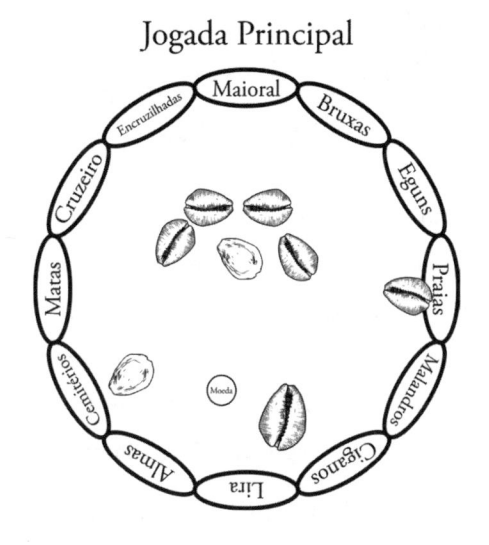

Jogada Principal

A interpretação básica sobre o Reino das Almas nos fala de sentimentos, de saudades dos que já se foram. Porém, com a figura do rosto humano na moeda voltada para cima, sabemos que a mensagem trata de pessoas vivas, o que pode parecer contraditório, mas se explicará. Tomando os dois búzios ainda *fechados* em mãos, prosseguimos à jogada de *Cruzamentos*, na qual apenas um cai *aberto*, totalizando seis búzios *abertos* e, portanto, relacionado ao Reino da Lira. Com essas informações, observe a marcação dos *Cruzamentos* na figura a seguir:

Cruzamentos

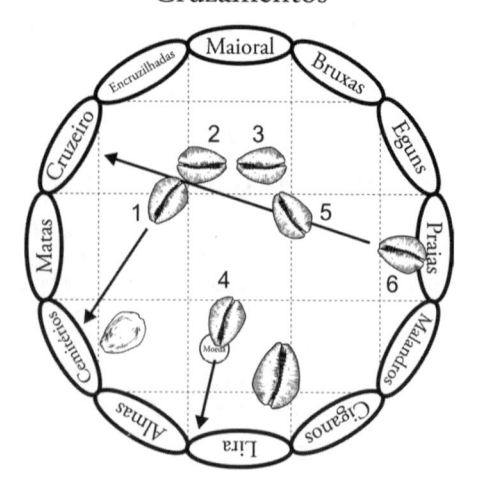

Mesmo havendo seis búzios *abertos* e, portanto, a possibilidade de seis cruzamentos diferentes, apenas três estão identificados, pois a partir deles e da figura geométrica formada pelos búzios no centro da *Mesa Imperial*, a resposta se mostrará completa. Fazendo a leitura dos *Cruzamentos*, em sentido anti-horário a partir do gomo que representa Exu Maioral, temos:

- O primeiro búzio aponta para o Reino dos Cemitérios;
- Os búzios 2 e 3 estão alinhados, como se olhassem um para o outro;
- O quarto búzio aponta para o Reino da Lira e sobrepõe a moeda com a face humana virada para cima;
- O quinto búzio não tem *Cruzamento*, mas está virado para a esquerda, apontando para os três primeiros búzios e formando um caminho em sentido anti-horário;
- O sexto búzio está sobre o gomo relacionado ao Reino da Praia e aponta para o Reino dos Cruzeiros;

- O conjunto de quatro búzios *abertos* que aparece pouco acima do centro do espaço de jogo (búzios 1, 2, 3 e 5) ainda forma um barracão do Reino dos Cemitérios e, também, a figura de uma redoma de proteção;

- Essa mesma figura, na primeira caída, tinha um búzio *fechado* exatamente ao centro dessa figura, que depois mudou de posição na jogada dos *Cruzamentos*.

Passando à interpretação dessa mensagem, podemos afirmar que: o consulente sente falta (*abertura com Reino das Almas*) de uma pessoa com quem já teve um relacionamento amoroso (*cruzamento na Lira sobrepondo a moeda*) e possivelmente morou junto (*semicírculo lembrando um túmulo, pelo barracão com Cemitérios, uma zona de proteção ou uma casa*), mas que se afastou (*búzio no meio do semicírculo que muda de posição*). Essa pessoa está voltando (*búzio em cima do gomo relacionado ao Reino da Praia*) para os caminhos do consulente (*o mesmo búzio sobre o Reino da Praia, que "atravessa" a casa onde moraram juntos e faz Cruzamento nos Cruzeiros*) e tem interesse em encontrá-lo (*búzio que sai do meio do semicírculo e cai exatamente sobre a moeda, fazendo cruzamento na Lira*). Com a confirmação do jogo e sabendo da expectativa do consulente sobre essa situação poderíamos, então, sugerir um trabalho espiritual de amor e união.

Descobrindo o Exu e Pombagira de uma pessoa

O uso da *Mesa Imperial* não se restringe às previsões e interpretações sobre o momento presente de quem a consulta. Muito além disso, ela também é uma técnica fundamental para sacerdotes apurarem quais os Exus e Pombagiras de um consulente ou de uma pessoa em vias de iniciação. Além disso, quando nos preparamos para montar o *assentamento* desses Espíritos, a *Mesa Imperial* pode servir como ferramenta de apoio e confirmação dos seus fundamentos. Para isso, devem ser seguidos os passos básicos da jogada completa, com pequenas alterações:

- A moeda não é jogada; ela deve ser colocada com a face onde aparece seu valor monetário voltada para cima e no meio do espaço criado pela *Imperial dos Reinos*;
- O Búzio Maior também não é jogado; ele deve ser posicionado sobre o gomo que representa Exu Maioral. Se a leitura deseja apurar o Exu da pessoa, o Búzio Maior fica *aberto*; se deseja apurar a Pombagira, ele é posicionado *fechado*.

Uma vez a *Mesa Imperial* sendo arrumada da maneira descrita a seguir, a apuração dos Espíritos é feita em três etapas.

ETAPA 1: O REINO PRINCIPAL

Com os sete búzios principais em mãos, faz-se a jogada principal que determinará o Reino a que pertence o Espírito. Em seguida, tomam-se quatro búzios em mãos, deixando os demais de lado, e procede-se com as jogadas de confirmação simples para determinar o Povo ao qual ele pertence, conforme a sequência de Reinos e Povos apresentada nos capítulos anteriores.

Se, nessa apuração, o jogo de confirmação responde *Não* em todas as nove alternativas, o Espírito em questão é Rei ou Rainha daquele Reino e está encerrada a consulta. Caso contrário, ainda com os quatro búzios de confirmação, o sacerdote passa a perguntar qual é o primeiro nome desse Espírito, com base no seu conhecimento sobre os Exus e Pombagiras pertencentes a cada Reino. Faz-se apenas a confirmação simples e com *quatro ou dois búzios abertos* a resposta é *Sim*, o nome principal do Espírito foi confirmado e procede-se à Etapa 2.

Importante: se, quando apurando os Espíritos de uma pessoa, todos os sete búzios principais caírem *fechados* logo na primeira jogada, significa que ou o Exu ou a Pombagira em questão não quer se apresentar ou que não é o momento de fazer a iniciação ou qualquer outro ritual de passagem de grau para essa pessoa. Ao contrário, ela deve providenciar com urgência uma sequência de três ou sete banhos de descarrego e propiciar uma mesa de oferendas secas a Exu Maioral, procedendo com nova consulta para apuração dos seus Espíritos em, no mínimo, 21 dias dessa oferenda. Nesses casos, ainda, a critério do sacerdote, pode-se proceder à consulta de quatro búzios junto a Exu Maioral para averiguar se há necessidade de outros trabalhos espirituais para a pessoa a quem se faz o jogo.

ETAPA 2: OS REINOS EM CRUZAMENTO

Em seguida, procede-se à identificação dos *Cruzamentos* desse Espírito. Para isso, tomam-se novamente os sete búzios principais em mãos e faz-se uma jogada. A contagem de búzios dessa jogada é ignorada e faz-se uma nova jogada com os búzios que caírem *fechados*. Agora, a partir de todos os búzios que aparecem *abertos*, interpretam-se os *Cruzamentos* observando para onde os búzios *abertos* apontam, como já aprendido. Se, na primeira jogada, *nenhum búzio aparecer aberto*, significa que o Espírito não faz *Cruzamento* com nenhum outro Reino, sendo "puro" daquele Povo e a consulta é encerrada normalmente.

ETAPA 3: OS POVOS EM CRUZAMENTO

Identificados os Reinos em *Cruzamento*, mais uma vez tomam-se quatro búzios em mãos, deixando os demais de lado, e procede-se com o jogo de confirmação a fim de identificar os Povos de cada um deles. Se, nessas confirmações, a resposta for *Não* para todos os nove Povos do Reino em questão, o *Cruzamento* não é parte da formação do Espírito, mas ele recebe influência mágica e espiritual dos Reinos daquele *Cruzamento*.

QUER SE TORNAR ESPECIALISTA NA INTERPRETAÇÃO DA MESA IMPERIAL?

Acesse o QR-Code ao lado e faça agora mesmo o seu **pré-cadastro** para participar dos **cursos exclusivos para sacerdotes de Quimbanda**! A partir de casos reais de interpretação, descubra os mistérios dos *Cruzamentos*, arquétipos de comportamento dos consulentes, fundamentos e *Frentes* específicos dos 63 Povos e muito mais!

Faça seu cadastro agora mesmo e aproveite!
www.diegodeoxossi.com.br/quimbanda-mesa-imperial

EXEMPLOS DE APURAÇÃO DE EXU E POMBAGIRA

IDENTIFICANDO UM EXU REI

Observe a figura a seguir: na primeira etapa, com o Búzio Maior *aberto* sobre o gomo que representa Exu Maioral e a moeda ao centro da *Imperial dos Reinos* e com a face do valor voltada para cima, após a reza de abertura e a mentalização da pergunta "*Qual o Reino do Exu de frente de [Nome da pessoa que consulta]?*", tomamos os sete búzios principais e fazemos a primeira jogada, a fim de identificar o Reino a que pertence o espírito que se está identificando.

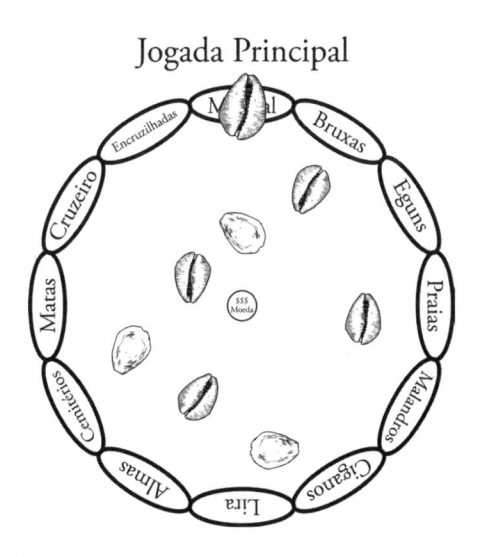

Jogada Principal

(círculo com os reinos: Maioral, Bruxas, Eguns, Praias, Malandros, Ciganos, Lira, Almas, Cemitérios, Matas, Cruzeiro, Encruzilhadas; moeda $$$ no centro)

Na caída em questão, surgem quatro búzios *abertos* e, portanto, sabemos que o Espírito pertence ao Reino dos Cemitérios. Com isso, mantendo a moeda e o Búzio Maior onde estão, tomamos em mãos quaisquer quatro búzios principais, deixando os demais de lado, e os utilizamos como confirmação simples para identificar o Povo dos Cemitérios ao qual esse Espírito pertence. Assim, do primeiro ao nono povo do Reino dos Cemitérios perguntaremos: *"Esse Exu pertence ao Povo [nome do Povo de Exu]?"*. Se *dois ou quatro* búzios caírem *abertos*, a resposta é *Sim*; se *três, um ou nenhum* búzio cair *aberto* a resposta é *Não* e continuamos com a sequência de perguntas. No exemplo, imagine que para todos os Povos dos Cemitérios os búzios de confirmação responderam *"Não, esse Exu não pertence a este Povo"*. Com a nona negativa consecutiva, a consulta está encerrada e concluímos que o Espírito se chama **Exu Rei dos Cemitérios**.

IDENTIFICANDO UM EXU SEM CRUZAMENTO

Agora, imagine que estamos investigando o Exu de um consulente e, à pergunta *"Qual o Reino do Exu de frente de [Nome da pessoa que consulta]?"*, na jogada principal *apenas um búzio aparece aberto*. Com isso, confirmamos que o Espírito em questão pertence ao Reino das Encruzilhadas. A partir daí, tomamos quatro búzios em mãos e fazemos a seguinte sequência de perguntas e respostas, baseados no nove Povos da Encruzilhada:

- Esse Exu pertence ao *Povo da* **Rua**?
- *3 búzios abertos*, portanto **Não**.
- Esse Exu pertence ao *Povo da* **Lira**?
- *1 búzio aberto*, portanto **Não**.
- Esse Exu pertence ao *Povo das* **Almas**?
- *1 búzio aberto*, portanto **Não**.
- Esse Exu pertence ao *Povo dos* **Trilhos**?
- *2 búzios aberto*, portanto, **Sim**.

Obtendo uma resposta positiva, encerramos a sequência de perguntas sobre o Povo ao qual esse Espírito pertence e, ainda com os quatro búzios, passamos a perguntar pelo primeiro nome desse Exu, com base nos Exus conhecidos pelo sacerdote, sempre perguntando primeiro pelo Chefe do Povo identificado:

- Esse Exu se chama *Exu Marabô?*
- *1 búzio aberto,* portanto, *Não.*
- Esse Exu se chama *Exu Trinca-Ferro?*
- *4 búzios abertos,* portanto *Sim.*

Obtendo uma resposta positiva, encerramos a sequência de perguntas sobre o primeiro nome desse Espírito, afinal, concluímos que se chama "**Exu Trinca-Ferro**". Passamos, então, a uma nova jogada completa com os sete búzios principais, para apurar os *Cruzamentos* desse Espírito, perguntando "*Com quais Reinos Exu Trinca-Ferro é cruzado?*". À essa pergunta, a resposta dos búzios aparece como na imagem a seguir:

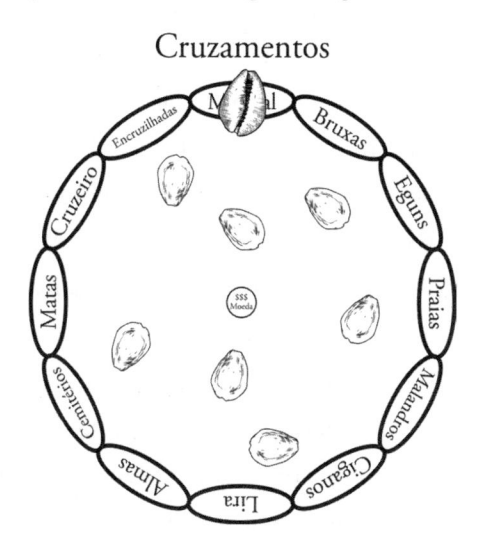

Cruzamentos

OS REINOS DE QUIMBANDA E OS BÚZIOS DE EXU

Perceba que, mesmo não sendo Chefe de seu Povo, já na primeira caída para identificação dos *Cruzamentos*, *nenhum búzio* respondeu *aberto*. Com isso, encerramos a consulta, pois concluímos que o nome completo desse Espírito é **Exu Trinca-Ferro da Encruzilhada dos Trilhos**.

IDENTIFICANDO UMA POMBAGIRA COM CRUZAMENTOS

Agora, imagine que com o Búzio Maior com o lado *fechado* sobre o gomo de Exu Maioral, estamos investigando a Pombagira de um consulente e, à pergunta *"Qual o Reino da Pombagira de frente de [Nome da pessoa que consulta]?"*, na jogada principal *seis búzios aparecem abertos*. Com isso, confirmamos que o Espírito em questão pertence ao Reino da Lira. A partir daí, usando os quatro búzios de confirmação, fazemos a seguinte sequência de perguntas e respostas:

- Essa Pombagira pertence ao *Povo dos **Infernos**?*
- *3 búzios abertos*, portanto ***Não***.
- Essa Pombagira pertence ao *Povo dos **Cabarés**?*
- *2 búzios abertos*, portanto ***Sim***.

Com a confirmação do Povo a que ela pertence, seguimos à confirmação do primeiro nome e, conforme o exemplo a seguir, obtemos um *Sim* na primeira tentativa:

- Essa Pombagira se chama ***Maria Mulambo***?
- *2 búzios abertos*, portanto ***Sim***.

Com isso, fazemos uma nova jogada completa perguntando *"Com quais Reinos essa Pombagira Maria Mulambo é cruzada?"*. Na primeira jogada apenas um búzio cai *aberto* e, na segunda, novamente apenas um deles cai *aberto*, veja:

Cruzamentos

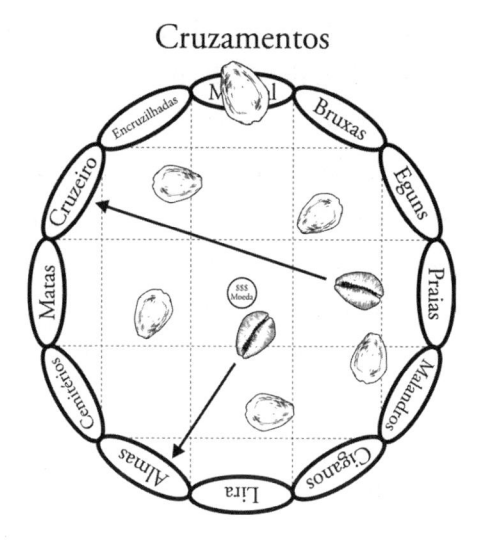

Lendo a *Mesa Imperial* em sentido anti-horário, identificamos os *Cruzamentos* no Reino dos Cruzeiros e das Almas. Agora, tomamos novamente quatro búzios em mãos, deixando os demais de lado, e procedemos com a confirmação do Povo de cada um deles, primeiramente com o Reino dos Cruzeiros. Imagine que, ao confirmar o Povo dos Cruzeiros, como feito nos exemplos anteriores, tivemos confirmação no quarto deles: o *Povo do Cruzeiro de Mato*. Na confirmação referente ao *Cruzamento* no Reino das Almas, por sua vez, a confirmação se deu na última jogada, o *Povo das Almas do Oriente*.

Assim, seu nome completo será "**Pombagira Maria Mulambo do Cabaré do Cruzeiro de Mato das Almas do Oriente**". Porém, é pouco provável que em qualquer momento essa Pombagira mencione uma única vez sequer esse nome completo tão complexo e, a quem lhe perguntar, apresente-se simplesmente como **Maria Mulambo do Cabaré**.

Isso, a propósito, é o esperado dela, já que "**do Cruzeiro de Mato das Almas do Oriente**" é o maior segredo de seus fundamentos, que a diferencia de qualquer outra "Pombagira Maria Mulambo". Esse segredo, afinal, só interessa a ela, ao consulente que a incorpora e ao seu iniciador que, quando da montagem de seu *assentamento,* identificará os elementos e ingredientes necessários para que cada Povo de cada Reino com os quais ela é *cruzada* seja representado e encantado nesse ritual.

Já deu a minha hora
Até um dia, moço
As Almas me esperam
Eu já vou!

Quando a saudade apertar
É só chamar por mim
Que a minha Alma de Mulambo
Já passou por aqui

Por que eu sou a Rainha Mulambê
Coroa de Lata
Brilha como o Sol

Porque eu sou Maria
E trabalho no Além
E o segredo do Feitiço
Eu não ensino ninguém!

DIEGO DE OXÓSSI

Daqui pra frente

Assim como os caminhos abertos por Exu nunca se encerram, eu desejo que a sua jornada na Quimbanda seja longa, contínua e próspera e que o nosso encontro não termine aqui.

Se você já é iniciado, peço aos Espíritos que lhe permitam ouvir seus ensinamentos e trilhar os passos por eles mostrados, na certeza de que, aos que sabem cuidá-los, sempre indicarão o melhor à frente.

Se você ainda não é iniciado, peço aos Espíritos que lhe permitam buscar o seu caminho e, sendo ele a Quimbanda, que você encontre um bom lugar e que as palavras desse livro possam, talvez, servir como farol para guiar suas escolhas e lhe auxiliar a separar o joio do trigo.

De todos, iniciados ou não, me despeço, mas não digo adeus: afinal, as portas do **Reino de Exu 7 Facadas e Pombagira Cigana** estarão sempre abertas aos que têm fé.

São os meus desejos!

Gratidão e Abundância!

REFERÊNCIAS BIBLIOGRÁFICAS

ADEAGBO, R. Os 12 caurís de Exu. Apostila. Acervo pessoal
ANJOS, J. C. G.: depoimento. [10 de junho, 2013]. Porto Alegre: Caminhos da Religiosidade Afro-Riograndense. Entrevista concedida a Rafael Derois. Disponível em <https://www.youtube.com/watch?v=_ao-lrP8TOo>. Acesso em: 23 out. 2015.
BITTENCOURT, J. M.; No Reino dos Exus. 6ª edição. Rio de Janeiro: Pallas, 2004.
BORBA, R.; As diferentes formas de culto da Quimbanda no Rio Grande do Sul. Porto Alegre, 2013. Disponível em: <http://pt.slideshare.net/eliasoxala/a-quimbandanors>. Acesso em: 23 out. 2015.
BRAGA, L.; Trabalhos de Umbanda ou magia prática. São Paulo, Editora Moderna. 1946.
_____; Umbanda (magia branca) e Quimbanda (magia negra). Edições Spiker, Rio de Janeiro, 1961.
BROWN, D.; Umbanda – Religion and Politics in Urban Brazil. New York, 1994.
CEMIM, F.; "Alupandê" o povo da rua: performances e identidades músico-religiosas entre os quimbandeiros do exu rei das sete encruzilhadas em Porto Alegre. 2013. 137f. Dissertação (Mestrado em Música) - Universidade Federal do Rio Grande do Sul, Porto Alegre.

CONDURU, R.; Das casas às roças: comunidades de candomblé no Rio de Janeiro desde o fim do século XIX. Topoi, Rio de Janeiro, v. 11, n. 21, jul.-dez. 2010, p. 178-203.
FONTENELLE, A.; Exu. 2ª edição. Rio de Janeiro: Aurora, 1954.
FREITAS, B. T. de; O jogo de búzios. 3ª edição. Rio de Janeiro: Editora Eco, 1972.
LEISTNER, R. M.; Os outsider do além: um estudo sobre a Quimbanda e outras 'feitiçarias' afro-gaúchas. 2014. 388 f. Tese (Doutorado em Ciências Sociais) – Universidade do Vale do Rio dos Sinos, São Leopoldo.
LEITE, C. R. S. C.; Na capital gaúcha viveu um príncipe negro. In: Geledés. Disponível em: <http://www.geledes.org.br/na-capital-gaucha-viveu-um-principe-negro>. Acesso em: 25 out. 2015.
LELE, Ó.; Obí: oracle os cuban Santeria. Rochester: Destiny Books, 2001.
LEVY, E.; Ritual e Dogma de Alta Magia. São Paulo: Editora Pensamento, 2017.
LIMA, F.; Exu Elepô - Elemento de identidade Negro-Africana ou Luso-Afro Brasileira. Revista da FAEEBA, n. 2, 1993. Disponível em <http://www.revistas.uneb.br/index.php/faeeba/article/viewFile/643/487>. Acesso em: 22 out. 2015.
NASCIMENTO, A. S.; Como as festas de terreiro ajudaram a construir o prestígio e o status do rei do Candomblé Joãozinho da Goméia entre Salvador e Duque de Caxias. Revista Periferias, v. 12, n. 3, p. 67-93, set./dez. 2020.
O GRANDE livro de S. Cypriano ou Thesouro do feiticeiro. Lisboa: Imprenssa Lucas, 1919.
OMOTOBÀTÁLÁ, B. O.; Reino de Kimbanda. Montevidéu: Lulu.com, 1999.

_____; Kimbanda – Mitos y secretos. Montevidéu: Lulu.com, 2013.
ORPHANAKE, J. E.; As Almas. São Paulo: Editora Pindorama, 1995. (Coleção Guias da Umbanda)
OXÓSSI, D.; Desvendando Exu: o guardião dos caminhos. Mairiporã: Editora Arole Cultural, 2015.
RIBEIRO, J.; As festas dos eguns. Rio de Janeiro: Editora Eco.
RIO, J.; As religiões do Rio. Rio de Janeiro: Nova Aguilar, 1976. (Coleção Biblioteca Manancial no. 47). Disponível em <http://www.dominiopublico.gov.br/pesquisa/DetalheObra-Form.do?select_action=&co_obra=7617>. Acesso em: 25 out. 2015.
SILVA, S. D.; A Quimbanda de Mãe Ieda – Religião Afro-Gaúcha de Exus e Pombas-gira. 2003. 167 f. Dissertação (Mestrado em Antropologia) – Universidade Federal de Pernambuco, Recife.
SILVA, V. G.; Exu – O Guardião da Casa do Futuro. Rio de Janeiro: Pallas, 2015. (Coleção Orixás).
SILVEIRA, H. A. A. Não somos filhos sem pais: história e teologia do batuque do rio grande do sul. 2014. São Paulo: Editora Arole Cultural, 2020.
SILVEIRA, R.; O Candomblé da Barroquinha. 2ª edição. Salvador: Edições Maianga, 2010.
SOUZA, L.; O espiritismo, a magia e as sete linhas de umbanda. Rio de Janeiro, 1933.
UMBANDA, F. E. (org.), vários autores; Primeiro congresso brasileiro do espiritismo de Umbanda. Rio de Janeiro: Jornal do Commercio, 1942.
VARANDA, J. A.; O destino revelado no jogo de búzios. 2ª edição. Rio de Janeiro: Editora Eco,

VERGER, P. F.; Nota sobre o culto aos Orixás e Voduns na

Bahia de Todos os Santos, no Brasil, e na Antiga Costa dos Escravos, na África. Trad. Carlos Eugênio Marcondes de Moura. São Paulo: EDUSP, 2012.

_____; Orixás: deuses iorubas na África e no novo mundo. Trad. Cida Nóbrega. Salvador: Corrupio, 2002.

Os Reinos de QUIMBANDA e os Búzios de exu

Uma publicação da Arole Cultural

Acesse o site
www.arolecultural.com.br